Meine Mutter, der Indianer und ich

Jugendroman
von
Kerstin Groeper

TraumFänger Verlag

Impressum

Meine Mutter, der Indianer und ich, Kerstin Groeper
TraumFänger Verlag Hohenthann, 2009

ISBN 978-3-941485-01-3
Lektorat: Eva Schroer
Satz und Layout: Janis Sonnberger, merkMal Verlag
Druck: Ludwig Auer GmbH
Titelbild: Bruno Schmäling
1. Auflage März 2009

Printed in Germany

Inhalt

Cooler Mann

Felix hasste seinen Namen. Felix! Felix war einfach nicht cool! Manchmal durchblätterte er das Namensbuch, in dem seine Mutter vor fünfzehn Jahren diesen grässlichen Namen herausgesucht hatte. Verblichene Kreuze zeugten davon, dass ihr auch noch andere Namen gefallen hätten. Zum Beispiel Linus, Marcel oder Jonas! Linus wäre cool gewesen! So wie aus der Comicserie die Peanuts. Felix klang irgendwie gay!
Manchmal riefen sie ihn „Fee“, nur um ihn zu ärgern, aber seine fliegenden Fäuste verschafften ihn Respekt, zumindest bei den Schülern. Die Lehrer zeigten dafür weniger Verständnis und so hatte es Verweise gehagelt, bis er letztendlich aus dem Gymnasium geflogen war. „Gewalttätig gegenüber seinen Mitschülern“, hieß es in seinem Zeugnis.
Mann! Wie sollte er sich sonst Respekt verschaffen, wenn er schon mit diesem Namen geschlagen war?
Missmutig warf er sich auf sein Bett und übersah das Chaos in seinem Zimmer. Überall standen Umzugskartons herum, zum Teil geöffnet, zum Teil noch geschlossen. Er hatte seine Klamotten in den Schrank geworfen, natürlich unordentlich, so dass seine Mutter bestimmt wieder einen Tobsuchtsanfall bekommen würde, aber das war ihm gleichgültig.
Sollte sie nur toben! Es war ja nicht seine Idee gewesen, hierher zu ziehen. Mitten ins Outback!
Er hatte keine Lust sein Zimmer gemütlich einzurichten, abgesehen davon, dass seine Definition von „gemütlich“ sich ziemlich von der Vorstellung seiner Mutter unterschied. Gemütlich hieß für ihn, dass die Pappschachtel von der Pizza vor drei Tagen noch unter seinem Sofa lag, dass halb angetrunkene Apfelsaftflaschen im ganzen Zimmer in greifbarer Nähe standen oder der

Kaugummi an dem Rahmen seines Bettes klebte. Seine Mutter dagegen sah nur den Schimmel in den Flaschen, wenn er doch die eine oder andere übersehen hatte auszutrinken. „Weißt du, was das kostet?“, schrie sie dann wutentbrannt.
Gelangweilt zuckte er provozierend die Schultern, obwohl es ihm eigentlich leid tat. Aber Ordnung halten war halt nicht sein Ding! Jetzt stand nur eine angebrochene Colaflasche in seinem Zimmer. Er nahm einen tiefen Schluck und spuckte die Hälfte wieder aus, als die warme Kohlensäure in seinem Mund überschäumte. Verflixt!
Betroffen blickte er auf die Sauerei und seufzte tief. Wo fand er jetzt einen Lappen, ohne dass seine Mutter davon erfuhr? Auf Socken tappte er leise die Treppe hinunter in den ersten Stock, in dem sich das gemeinsame Badezimmer befand.
Seine Mutter rumorte im Erdgeschoss und schien mit Auspacken beschäftigt zu sein. Er schnappte sich eine Rolle Klopapier, befeuchtete einige Tücher, dann schlich er wieder nach oben.
Im Nu hatte er die klebrige Flüssigkeit entfernt und sinnend blickte er auf die Klorolle. Eigentlich war sie für weitere Notfälle durchaus geeignet und so stopfte er sie in die Schublade mit den Socken.

Prüfend musterte er sein Aussehen in der Spiegeltür des Schrankes und strich einige Strähnen seines gefärbten Haares in die richtige Richtung. Cool! Ein perfekter Schnitt, dazu schwarze Haare mit hellen Strähnen. Nicht das Straßenköterblond, das ihm sonst entgegengeblickt hatte. Seine Jeans rutschte lässig bis knapp unter seinen Hintern, etwas, das seine Mutter zur Raserei brachte. Und das um mehrere Nummern zu große Basketballhemd hing über eine Schulter nach unten. Fehlte nur noch das Käppi auf drei Uhr, möglichst mit einem Kopftuch darunter. Schließlich musste er den Bauerntrampeln in diesem Kaff zeigen, was in der Stadt alles „in“ war! Er hatte sich einen breitbeinigen Gang angewöhnt, damit seine Hose nicht endgültig die Beine hinunterrutschte, zudem fand er ihn männlich!

Er stellte sich an das Fenster und blickte auf das weite Land. Nichts als Felder und Wälder soweit das Auge reichte. Ortsrandlage, hatte seine Mutter voller Stolz erzählt. Outback, hatte er sie verbessert. „Aber hier kann ich schreiben!“, hatte seine Mutter geschwärmt.
Alles drehte sich immer nur um diese dämlichen Bücher! Letztendlich waren die Bücher sogar Schuld daran, dass sein Vater sie verlassen hatte. Er hatte ihre an Autismus grenzende Selbstvergessenheit einfach nicht mehr ertragen, wenn sie mit glühenden Wangen in ihrer Scheinwelt versank. Indianerromane! Etwas Blöderes gab es einfach nicht!
Dabei verdiente seine Mutter damit ganz gut und konnte sich immerhin die Miete für dieses Haus leisten. Aber Indianer! Überall hingen diese dämlichen Traumfänger oder anderer Kitsch herum und leise Flötenmusik lief im Hintergrund. Scheinbar immer die gleiche Melodie, zumindest hörte er keinen Unterschied. Als kleiner Junge hatte ihm das gefallen. Er hatte sogar einige Wörter dieser Indianersprache aufgeschnappt, die seine Mutter mit Feuereifer lernte und inzwischen wahrscheinlich besser sprach als die verdammten Rothäute, aber jetzt nervte ihn dieses ganze Theater nur noch. Konnte seine Mutter nicht endlich erwachsen werden? Indianerspielen war etwas für Kinder!
Regelmäßig flog sie zu Recherchen nach Amerika, natürlich allein, ohne ihn. „Du würdest dich nur langweilen!“, wehrte sie seinen Wunsch mit einem flüchtigen Lächeln ab.
„Außerdem bist du doch in den Ferien bei deinem Vater!“
Schon! Trotzdem hätte er ganz gern mal richtig echte Indianer gesehen!

Seine Mutter unterstützte mehrere Projekte auf irgendwelchen Reservationen, hängte sich voller Enthusiasmus hinein, wie in alles, was sie anfing. Wie ein begeistertes Kind. Er wartete auf den Tag an dem sie sich die Haare schwarz färbte und selbst wie eine Indianerin herumlief! Letztendlich störte ihn nur, dass sie nie Zeit für ihn hatte!
So drehte er seine Hip-Hopmusik auf volle Lautstärke und freute sich diebisch, wenn sie an seine Tür klopfen musste, wenn sie etwas von ihm wollte. Aufmerksamkeit erregen, ja, das konnte er. Provozieren, bis ihr der Kragen platzte.

Er drückte seine Nase gegen die Scheibe und zog ein schiefes Gesicht. Wahrscheinlich würde es stinken, wenn im Herbst die Bauern die Felder düngten. Ha, dachte er hämisch. Mal schauen, ob es Mama dann immer noch gefällt. Zu viel Realität konnte dämpfend wirken!
Mit Unbehagen dachte er an die neue Schule, in die er ab nächster Woche gehen musste. Es hatte ihn tief getroffen, dass er aus der Schule geflogen war, aber er war in einer Spirale der Gewalt gefangen gewesen, die er nicht mehr hatte stoppen können. Einmal Schläger, immer Schläger! Selbst, wenn er überhaupt nicht Schuld war. Die Ungerechtigkeit, mit der er behandelt wurde, hatte ihn wütend gemacht, noch patziger und noch unhöflicher. Nichts hatte er in den Augen der Lehrer richtig machen können, bis vor lauter Trotz auch seine Noten in den Keller gefallen waren. Er war nicht dumm, nicht einmal faul, aber die Lehrer hatten ihn längst abgestempelt. „Verhaltensauffällig", so hatten sie ihn genannt. Ein Gangster!
Jetzt wartete die Hauptschule in der nächst größeren Ortschaft auf ihn. Was für ein Abstieg! Vom Gymnasium in die Hauptschule! „Wieso kann ich nicht in die Realschule gehen?", hatte er gefragt.

„Weil dich keine nimmt!", hatte seine Mutter gebrüllt. Warum konnte sie nicht in normaler Lautstärke mit ihm sprechen?
„Die Hauptschule ist deine letzte Chance! Schau, dass du die neunte Klasse schaffst! Dann sehen wir weiter! Du brauchst zur Abwechslung mal ein gutes Zeugnis!"
„Und dann?"
„Keine Ahnung! Du hast dir doch diesen Mist eingebrockt!"
„Ich habe mir überhaupt nichts eingebrockt!", fauchte er wütend zurück.
„Ach!", flötete seine Mutter. „Und die Verweise hast du für umwerfenden Umgang mit deinen Mitschülern bekommen oder was?"
Wow! Er konnte ihr für diese Bemerkung nicht einmal böse sein! Umwerfender Umgang! Was für eine Formulierung!
Er grinste schief und versuchte es mit umwerfenden Charme: „So ungefähr! Du weißt doch, wie sie alle meinem Charme erlegen sind!"
Jetzt musste seine Mutter kichern: „Charme! Das ändert nichts an deinen Noten, mein Schatz!"
„Ach, in Deutsch! Kannst du mir erklären, warum ich bei diesem Depp immer Fünfer kassiere! Das ist doch total ungerecht!"
„Und Englisch?", schoss seine Mutter zurück.
„Du hättest mich ja mal nach Amerika mitnehmen können!"
„Ja, ja, immer sind die anderen schuld! Es ist deine Sache zu lernen!"
„Sie wollten mich einfach loswerden!", meinte Felix bitter. „Das ist alles!"
„Allerdings!"
War er wirklich so schlimm? Noch bestand für ihn Schulpflicht, sonst hätte ihn vermutlich keine Schule mehr genommen. Auch die Hauptschule schien nicht sonderlich begeistert zu sein, einen Problemschüler zu bekommen.

Der Direktor hatte ziemlich deutlich durchblicken lassen, dass er diesen Unsinn in seiner Schule keinesfalls dulden würde. „Hier führen wir uns anständig auf!"
Felix war errötet und hatte sich in dem gelblichen Sessel im Zimmer des Dirktors ein wenig aufgerichtet. Lümmeln schien hier nicht erwünscht zu sein. Trotzdem hatte er einen guten Eindruck von dem Dirktor. Nett! Höflich hatte er ihm zum Abschied die Hand gereicht und ein verschmitztes Lächeln erhalten. „Du schaffst das schon!"
Mann! Das war das erste Mal seit langem gewesen, dass ihm jemand wieder etwas zutraute!

Er steckte seine Hände in den viel zu weiten Bund seiner Hose und drehte sich wieder zu dem Chaos seines Zimmers um. Die Dachschrägen ließen nicht viel Platz für irgendwelche Möbel, aber hier oben hatte er wenigstens seine Ruhe. An der einzigen Wand stand sein blauer Kleiderschrank, ansonsten hatte er sein Sofa, sein Bett und einige niedrige Regale stilvoll im Raum verteilt. Prachtstück seiner Ausrüstung war sein Hifi-Regal mit beeindruckender Stereoanlage, Fernseher, DVD-Player und neuester X-Box Konsole. Vor dem Fenster stand ein moderner Schreibtisch mit Laptop, auf dem er alle seine Lieblingslieder abgespeichert hatte.
Der einzige Nachteil an diesem Zimmer war, dass er zum Duschen ein Stockwerk tiefer musste. Er teilte sich das Bad mit seiner Mutter und das konnte ganz schön nerven!
Ewig nörgelte sie an seiner Unordnung herum, beschwerte sich über abgeschnittene Haarsträhnen im Waschbecken oder den Gestank des Haarsprays. Sie, als Naturmensch, benutzte selbstverständlich keine Sprays oder dergleichen!
Er dagegen schmierte so viel Gel in seine Haare, dass er es anschließend mit einem Handtuch wieder trocken rubbeln musste.

Lieblos stellte er ein paar Videokassetten ins Regal, dann hatte er schon wieder genug vom Ausräumen. Vielleicht sollte er eine Runde mit dem Mountainbike drehen und die neue Gegend „abchecken"?
Wieder warf er einen prüfenden Blick in den Spiegel und suchte sich ein anderes T-Shirt heraus. Lila-schwarz von den Kings war nicht mehr angesagt, stylischer war auf jeden Fall das blau-weiße T-Shirt von Dallas. Er musste bei diesen Bauern in dem Kaff gleich den richtigen Eindruck hinterlassen. Dazu gehörten natürlich auch die F-50iger Turnschuhe von Adidas. Das Neueste vom Neuesten! Er galoppierte die Holztreppe hinunter und murmelte ein „Bin gleich wieder da".
„Bist du schon fertig?", rief seine Mutter erstaunt. Sie tauchte zwischen einigen Kisten auf, strich sich ihr verschwitztes Haar zurück und musterte ihn scharf.
„Ja!", log er selbstbewusst. Dann grinste er frech. In den Augen seiner Mutter wäre er ohnehin nie fertig!
Sie schüttelte entrüstet den Kopf, dann winkte sie nachlässig mit der Hand. „Ach, geh schon! Du kannst mir ja später helfen!" Sie bückte sich nach einigen Vasen und stellte sie auf die Fensterbank. In ihren engen Jeans und lässigen T-Shirt würde wahrscheinlich niemand auf die Idee kommen, dass es sich um seine Mutter handelte.
Ihr blondes Haar war zu einem Pferdeschwanz zusammengebunden, der temperamentvoll auf und nieder hüpfte, wenn sie sich bewegte. Eigentlich ähnelte sie eher einem Popstar aus dem Fernsehen als einer treu sorgenden Mutter.

Die Haustür fiel krachend ins Schloss, weil er noch nie gelernt hatte, eine Tür leise zu schließen, dann schnappte er sich sein Mountainbike. Wohlweislich hatte er es an die Garagenwand gelehnt, damit er zur Not schnell genug verschwinden konnte.

Mit Unbehagen dachte er an den letzten Umzug, bei dem er stundenlang mit seiner Mutter Schränke und Regale aufgebaut hatte. Dieses Mal hatte das zum Glück die Umzugsfirma erledigt. Er rollte die ungeteerte Straße entlang und hörte einige Kinder in den angrenzenden Gärten kreischen. Diese kleinen Maden, dachte er abfällig. Gab es hier überhaupt Jugendliche in seinem Alter?
Von der ersten Besichtigung des Hauses konnte er sich dunkel an einen Weiher erinnern und er folgte einer weiteren, diesmal geteerten Straße ins Dorf. Ein Traktor tuckerte ihm entgegen, am Steuer ein Junge in seinem Alter, der ihm einen abschätzenden Blick zuwarf. Mann! Das konnte ja gut werden. Wahrscheinlich lebten hier nur Bauern, die knietief im Mist standen und nach Kuhstall rochen. Armes Deutschland!

Sein Fahrrad rollte die Straße bergab und er folgte dem Lärm, der deutlich in der Nähe zu hören war. Tatsächlich!
Hinter einem Zaun tauchte ein kleiner Weiher, in dem sich Dutzende von Kindern tummelten. Selbst eine kleine Liegewiese grenzte an das Becken mit einigen Bäumen, unter denen einige Jugendliche lauthals diskutierten. Also doch!
Diese Spezies schien nicht ganz ausgestorben oder zum Frondienst eingeteilt zu sein! Er lehnte sein Fahrrad an den Zaun und sah sich nach dem Eingang um. Es fand nur eine kleine Tür, aber weder eine Kasse noch einen Bademeister. Sollte er es wagen, einfach hinein zu gehen? „Wer bist denn du?“, fragte ein kleiner Dreikäsehoch.
„Geht dich das was an?“, knurrte Felix zurück.
Sein ganzes Ansehen würde darunter leiden, wenn er sich mit Kindern einließ! Der Kleine zuckte mit keiner Wimper: „Ich habe dich hier noch nie gesehen!“
„Ist das deine Badewanne oder was?“, schoss Felix zurück.

Der Junge grinste frech: „Nö, der Weiher ist für alle! Ich frag ja nur!“
Ein Weiher, der fast wie ein Schwimmbad angelegt war, anscheinend ohne Eintritt! Cool!
„Ich bin neu hier! Muss ich dich kennen?!“
„Nö, aber ich habe einen großen Bruder!“, erklärte das Kind stolz.
Schon näherte sich ein älterer Junge dem Zaun und baute sich demonstrativ neben dem Kind auf. „Was willst´n du hier!“
„Nichts! Bist du der Babysitter oder was?“
Verlegen trat der Jugendliche von einem Bein auf das andere.
„Nee! Aber wir wollen hier keine Fremden!“
Das war deutlich! Felix spürte, wie die Hitze in ihm hoch stieg. Was für ein freundlicher Empfang! „Ich dachte, dass der Weiher für alle da ist!“, provozierte er.
„Nicht für dich!“
Felix baute sich auf, blickte seinem Gegenüber fest in die braunen Augen: „Wer sagt das?“
„Ich!“, entgegnete der andere selbstbewusst. Hinter ihm standen plötzlich zwei weitere Jugendliche, die herausfordernd grinsten.
Verdammt, dachte Felix. Soll ich mich gleich bei meiner ersten Begegnung prügeln? Andererseits würde er den Respekt verlieren, wenn er jetzt klein bei gab.
„Na dann ist ja gut!“, murmelte er leise und ging ein paar Schritte am Zaun entlang, als wollte er mit seinem Fahrrad wieder fahren. Mit einem sportlichen Satz hechtete er plötzlich über den Zaun und stellte sich auf den Steg, der ins Wasser führte. „Was dagegen?“, grinste er frech.
Etwas überrascht wandten sich die drei ihm zu, dann versuchte einer, ihn an der Schulter zu schubsen. Felix sah die Faust auf sich zukommen, wich ein winziges Stück zur Seite, griff nach dem Handgelenk des Angreifers, wirbelte ihn um sich herum und

warf ihn mit einer schnellen Drehung ins Wasser. Einige Kinder grölten begeistert, empfanden es wohl als gerechte Strafe für die vielen Schikanen, die sie sonst immer von den Großen ertragen mussten. Die beiden anderen Jugendlichen dagegen fanden die Aktion weniger witzig.

Ehe Felix reagieren konnte, drosch der Kräftigere ihm mit seiner Faust ins Gesicht, während der andere versuchte, ihn in den Schwitzkasten zu nehmen. Felix tauchte unter dem Griff weg, packte den Jungen um die Hüften und warf ihn ebenfalls ins Wasser, bevor ihn der nächste Schlag auf die Nase traf. Blut spritzte und verschmierte sein T-Shirt.

Abwartend stand der kräftige Junge vor ihm, seine Faust drohend erhoben, während die anderen beiden bereits aus dem Becken kletterten.

Uh! Gleich hatte er hier ein Problem! Noch einmal würden sie sich nicht überraschen lassen!

Eine kräftige Stimme dröhnte plötzlich hinter ihm und eine feste Hand legte sich auf seine Schulter: „Was soll das hier?"

Überrascht drehte Felix sich um und erblickte einen ziemlich kräftig gebauten Erwachsenen, der ihn unwillig musterte.

Felix zuckte nur die Schultern und deutete mit einem nachlässigen Kopfnicken auf die drei Angreifer: „Die meinen wohl, dass der Weiher ihnen gehört!"

„So? Und wer bist du?"

Felix wischte sich über die blutende Nase und unterdrückte eine patzige Antwort. „Wir sind hierher gezogen!"

Die Miene des Erwachsenen wurde um einiges freundlicher: „Ah, willkommen! Ich bin Georg, Dorfvorstand! Wenn du ein Problem hast, dann komm zu mir!"

Höflich streckte ihm Felix die Hand zu und lächelte leicht: „Ich bin Felix, und habe hier gerade ein Problem!"

„So?“, die buschigen Augenbrauen des Dorfvorstandes zogen sich zusammen und er stemmte demonstrativ seine fleischigen Hände in die Hüften. „Seppi! Komm her!“
Der Angreifer zog unwillkürlich den Kopf ein und näherte sich missmutig. „Was?“
„Kennst du den Felix schon?“
„Nö!“, zuckte Seppi nichts sagend die Schultern, zeigte mit seiner ganzen Körperhaltung, dass er auch keinerlei Interesse hatte, irgendeinen Felix kennen zu lernen.
„Nun, dann kennst du ihn jetzt! Er wohnt hier und ich will, dass ihr ihn in Ruhe lasst!“
Felix konnte an Seppis Gesichtsausdruck erkennen, dass er bereits jetzt bei den Jungen hier im Dorf unten durch war. Ein Erwachsener hatte sich eingemischt . Was für ein Mist!
„Danke, ich komme schon klar!“, murmelte er missmutig, zeigte den drei Jugendlichen hinter seinem Rücken unmissverständlich einen Stinkefinger.
Georg drückte ihm ein Taschentuch in die Hand, das er aus den Tiefen seiner Arbeitshose gefischt hatte. Felix legte seinen Kopf ein wenig in den Nacken, drückte das Taschentuch gegen seine Nase und wartete, dass es aufhörte zu bluten. Gereizt dachte er an die Flecken in seinem T-Shirt und die unvermeidliche Standpauke seiner Mutter. Was für ein Anfang!

Als das Bluten endlich aufgehört hatte, unterdrückte er den Impuls, das blutige Taschentuch einfach auf den Boden fallen zu lassen und warf es stattdessen in einen Mülleimer.
Mit einem Satz war er wieder über den Zaun verschwunden und schnappte sich sein Fahrrad.
Der erste Eindruck war mehr als schlecht gewesen und er überlegte, ob er nicht lieber seine X-Box Konsole anstecken und einige Freunde im Internet treffen sollte. Dort war er der King!

Sein Clan spielte unter den besten und eigentlich war immer jemand online, wenn er das Bedürfnis hatte zu quatschen. Seine Mutter war regelrecht begeistert, als er so schnell wieder auftauchte. „He, kannst du mir schnell helfen die Kisten nach oben zu schleppen?“

„Klar!“, brummte Felix hilfsbereit. Schnaufend trug er die zwei gewünschten Kisten in das Schlafzimmer seiner Mutter und verdrückte sich dann schnellstens in sein Zimmer. Mit einem tiefen Seufzer räumte er nun doch ein paar Kisten leer, stopfte die Kleidung halbwegs ordentlich in seinen Schrank und stellte seine DVD´s und X-Box Spiele dekorativ ins Regal. Schon besser! Noch ein paar aussagekräftige Poster an die Wand und seine Bude war vorzeigbar. Nur für wen?

Die Dorfdeppen wollte er hier eigentlich nicht sehen. Mit finsterer Miene klebte er ein Generation-X Poster über sein Bett, gegenüber bleckte eine riesige Dogge mit einem Halsband aus langen Stacheln realistisch die Zähne und drohte fast aus dem Bild heraus jeden unwillkommenen Gast anzugreifen. Ja, so ein Hund wäre toll!

Er faltete die leeren Umzugskartons zusammen und brachte sie in der Garage unter. Dort stapelten sich bereits die aussortierten Gegenstände und die Dinge, die seine Mutter erst später auspacken wollte.

Sein Magen knurrte unüberhörbar und so startete er einen kleinen Raubzug in die Küche. Sie war der einzige Ort im Haus, der bereits vollständig eingerichtet war, nur der Kühlschrank war gähnend leer. „Mama!“, brüllte er durch das Haus. „Wir haben nichts zu essen!“

„Weiß ich!“, rief seine Mutter fröhlich zurück. „Wir gehen nachher essen!“

„Wann? Ich habe jetzt Hunger!“

„Mein Schatz! Du wirst doch wohl noch einen Augenblick aushalten! Wir gehen schon noch essen!“
Schatz! Immer wenn seine Mutter etwas von ihm wollte, nannte sie ihn Schatz! Er wollte kein Schatz sein! Er wollte etwas zu essen, und zwar jetzt! „Wie lange ist bei dir ein Augenblick?“, fragte er misstrauisch.
Seine Mutter kicherte und wirkte nun eher wie eine ältere Schwester und nicht wie eine reife Frau und Mutter.
„Ein Augenblick ist so lange, wie ich brauche noch zwei Kisten auszupacken!“
„Aha! Und wann gehst du dann einkaufen?“
Wenn erst wieder der Kühlschrank und die Tiefkühltruhe gut gefüllt waren, dann konnte er solche Aussetzer bei seiner Mutter besser überbrücken.
„Morgen!“, kam es fröhlich zurück.
Kurz überflog Felix in Gedanken die Örtlichkeiten und versuchte sich zu erinnern, ob es in diesem Kaff irgendein Geschäft gab.
„Soll ich mit dem Fahrrad etwas holen?“, bot er nicht ohne Hintergedanken an.
„Gute Idee!“, flötete seine Mutter. „Dann machen wir eine kleine Brotzeit und gehen erst später etwas essen! Ich möchte wenigstens mein Schlafzimmer heute noch fertig bekommen. Was meinst du?“
„Von mir aus!“, brummte Felix. „Gibt es hier denn ein Geschäft?“
„Aber ja, einen Bäcker und einen Metzger! Unten, an der Hauptstraße. Du musst mal schauen, wer offen hat! Warte, ich gebe dir etwas Geld! Wir brauchen Kuchen oder Brot. Vielleicht bekommst du ja auch Wurst, Butter und Milch. Du weißt ja, was wir so brauchen!“
Seine Mutter drückte ihm fünfzig Euro in die Hand und lachte fröhlich. „Bis gleich!“

„Bis gleich!“, murmelte Felix, dann schwang er sich wieder auf sein Mountainbike.
Einkaufen für Mami! Hoffentlich sah ihn niemand von den anderen Jugendlichen. Aber bei der Hitze waren vermutlich alle beim Weiher.

Er sauste den Weg zur Hauptstraße hinunter und erblickte sofort den Bäcker auf der anderen Straßenseite. Die Tür stand offen und so radelte er erst einmal weiter, um den Metzger zu finden. Er hatte Glück. Instinktiv fuhr er in die richtige Richtung und fand den Metzger eine Kurve weiter. Auch er hatte geöffnet. Ruhetag war nur am Montagnachmittag. Damit konnte man irgendwie leben.
Enthusiastisch öffnete er die Tür und trat ins Innere. In einigen Regalen standen die üblichen Lebensmittel für die vergessliche Hausfrau, außerdem gab es ein Kühlregal mit Milchprodukten und eine kleine Tiefkühltruhe, allerdings ohne Pizzas! Nur Gemüse und Spinat, den er sowieso nicht mochte.
Die Wursttheke zeigte die gewohnte Vielfalt, außerdem gab es Gyrosspieße und verschiedene Fleisch und Würstchensorten. Er war gerettet! Die rundliche Frau hinter der Theke taxierte ihn abschätzend, wunderte sich wohl, wie ein fremder Jugendlicher hier in ihren Laden schneite. Ihr Verhalten zeigte deutlich, dass hier selten ein Fremder hereinkam, höchstens Handwerker auf der Durchreise. Sie werkelte weiter an einem Grill, in dem ein Leberkäse zu dieser späten Stunde schon reichlich spärlich und gebräunt aussah. „Was darf´s sein?“, fragte sie neutral.
Felix wandte den Blick von dem Leberkäse ab und ließ seinen Blick über die Auswahl schweifen. Weltmännisch bestellte er Aufschnitt und Käse, packte Milch und Butter ein, fand einige gefärbte Eier und nahm das letzte Brot, das in einem großen geflochtenen Korb lag.

„Kannst du das alles auf deinem Radl transportieren?“, fragte die Verkäuferin freundlich.
„Freilich! Ich wohne hier in der Nähe?“
„Ah na...?!“ Sofort flammte das Interesse in dem Gesicht der Frau auf. „Wo denn?“
„Am Oberrain! Absolut freie Sicht ins Outback!“, antwortete Felix lakonisch.
Ein gutmütiges Glucksen entfuhr der Frau, dann meinte sie neugierig: „Du kommst wohl aus der Stadt?“
Felix nickte nur, hatte das Gefühl, dass dies ein längeres Gespräch werden würde, wenn er der Frau noch mehr Informationen gab. „Ich muss jetzt...!“, beeilte er sich zu sagen, „meine Mutter wartet!“
„Und dein Vater?“
Volltreffer! Drei Wörter und diese Person hatte einen schmerzenden, tief sitzenden Volltreffer gelandet. Wenn er jetzt die falsche Antwort gab, würde das ganze Dorf in dreieinhalb Sekunden wissen, dass seine Mutter geschieden war.
„Im Ausland!“, log er ohne zu zögern. „Das macht er immer so! Kaum gibt es Arbeit, dann setzt sich mein Vater ins Ausland ab!“
Wieder kicherte die Verkäuferin und zwinkerte ihm vertraulich zu: „Gut, dass deine Mama wenigstens dich hat!“
Er lachte wie befreit und kam sich plötzlich ganz groß vor. „Stimmt!“, brummte er verlegen. Vielleicht war das ja nun seine neue Aufgabe! Auf seine Mama achten, damit sie keinen Unsinn mehr machte!
„Hat sie schon die Flecken auf deinem T-Shirt gesehen?“, lächelte die Verkäuferin scheinheilig.
Autsch! Der zweite Volltreffer! Wie machte sie das nur! Instinktiv wusste Felix, dass hier Vorsicht geboten war!
„Nur ein bisschen Nasenbluten!“, log er weltmännisch. Dann verabschiedete er sich im tiefsten Bayrisch mit „Pfiat di“,

versuchte wenigstens hier den Eindruck zu vermitteln, dass er dazu gehörte.
Die Einkäufe an seinem Lenkrad balancierend, radelte er wieder nach Hause. Dabei musste er sich ganz schön ins Zeug legen, weil die Straße nun bergauf ging. Die Plastiktüten schlenkerten gegen den Reifen und er stieg lieber ab, um seine essbaren Schätze zu schützen.

Wieder kam ihm der Traktor mit dem Jugendlichen entgegen, und dieser streckte ihm drohend seinen Mittelfinger entgegen. Trotz des Lärms konnte er an den Lippen ablesen, was der Junge ihm zuschrie: „Wir kriegen dich schon!“
„Versucht es doch!“, brüllte er zurück, dann spuckte er herausfordernd auf den staubigen Teer.
Der Traktor buckelte wie ein kleines Pony, als der Junge die Bremse zog und den Traktor zum Stehen brachte. Mit einem Satz sprang er auf die Straße und baute sich drohend vor ihm auf. „Du kleiner Penner, was willst´n du hier überhaupt?“
„Ich wohne hier!“, erklärte Felix ruhig. „Aber wieso du hier als rollendes Hindernis durch die Gegend kurvst, ist mir ein Rätsel!“
Kurz flammte Bewunderung in den Augen des anderen auf, dann grinste er frech. „Willst du auch mal mit?“
Kurz versuchte Felix dieses Angebot einzuschätzen.
Wollte dieser fremde Junge ihm wirklich ein nettes Angebot machen oder wollte er ihn verarschen?
Hier war Vorsicht geboten!
„Nö! Ich hab Milch dabei! Die gerinnt sonst bei der Hitze. Vielleicht ein anderes Mal! Du kannst mich ja mit deinem Trecker abholen!“
„Jo, mach ich!“, erklärte der andere versöhnlich, vielleicht war er von den anderen auch als Späher ausgesandt worden, um ihn abzuchecken.

Mit einem schiefen Grinsen kletterte der Junge wieder auf seinen Traktor und schlug die Tür zu. „Ich bin der Siggi!“, rief er durch das geöffnete Fenster.
„Ich heiße Felix! Ich wohne am Oberrain!“
„Woaß i!“, brüllte der andere zurück.

Von Traktoren und musikalischen Kühen

Felix schmierte sich in der angenehm kühlen Küche ein Brot und biss schon mal ab, während er gleichzeitig für seine Mutter eine Scheibe herrichtete. „Mama!“, brüllte er durch das Haus. „Essen ist fertig!“

Summend trabte seine Mutter die Treppe herunter und strahlte zufrieden: „Hey, super! Sieht lecker aus! Wie findest du dein Zimmer!“

„Es geht so!“, brummte er mit vollem Mund. „Und bei dir?“

„Das Schlafzimmer ist fast fertig! Dann richte ich mein Büro ein! Du weißt schon, das Zimmer mit dem Blick auf den Wald! Es ist geradezu perfekt!“

„Genau! Mit ein bisschen Einbildung siehst du dann, wie sich die Indianer ans Haus heranschleichen!“, feixte Felix.

„So ist es! Sei froh! Mit meiner Fantasie verdiene ich doch ganz gut!“, schoss seine Mutter zurück.

Felix seufzte tief: „Ja, aber kannst du nicht was cooles schreiben? Über Ritter oder Templer? Stell dir vor - Indiana Jones, der von Außerirdischen entführt wird! Das wäre echt geil!“

„So einen Blödsinn kannst du dir ja im Kino anschauen! Mein Thema sind eben die Indianer! Da bin ich drin und authentisch!“

„Darauf pfeif ich! Bitte, Mama, versprich mir, dass du hier niemandem etwas davon erzählst, sonst bin ich sofort unten durch! Indianer! Die sind mega-out!“

Seine Mutter machte irgendwie ein trauriges Gesicht und fast tat es ihm leid, dass er so unsensibel gewesen war. „Früher haben dir meine Geschichten gefallen!“, verteidigte sie sich mit leiser Stimme.

Er schluckte schwer und schlug einen versöhnlicheren Tonfall an. „Früher war ich ein Kind! Jetzt bin ich erwachsen und da

sind Indianer eben nicht gefragt! Ich habe ja nicht gesagt, dass mir deine Bücher überhaupt nicht gefallen!"
„Meinen Lesern gefallen sie aber!"
„Mama! Deine Leser sind weltvergessene Spinner, die am liebsten selbst mit Indianerklamotten herumlaufen würden. Hier sind Indianer out! Verstehst du- vergessen, gestorben, ausgerottet, eben out!"
Seine Mutter biss beleidigt die Lippen zusammen und schüttelte stur den Kopf. „Im Moment lebst du von meinen Spinnereien nicht schlecht! Vielleicht sollte ich dir wegen erwiesener Undankbarkeit das Taschengeld kürzen!"
„Mama! Ich bin nicht undankbar! Ich habe einfach nur Angst, dass ich bei diesen Hinterwäldlern unten durch bin, wenn sie erfahren, dass du Indianerbücher schreibst! Das ist alles!"
„Na schön!", willigte seine Mutter widerstrebend ein. „Ich erzähle kein Wort! Vorerst!"
Sein Seufzen kam aus tiefster Dankbarkeit. „Lass mich erst ein paar Kontakte knüpfen - erst mal die Leute abchecken! Irgendwann erfahren sie es ja doch, aber bis dahin habe ich vielleicht schon ein paar Freunde!"
„Hast du schon jemandem getroffen?", wechselte seine Mutter das Thema.
„Nee, nur so ein paar freche Mistmaden, die meinen, dass der Weiher ihnen gehört!"
„Aha, daher also die Blutstropfen auf deinem T-Shirt!" stellte seine Mutter messerscharf fest.
Er fühlte wie er rot wurde, und allein dafür hasste er sich. Warum konnte er sich schon bei so kleinen Lappalien nicht besser kontrollieren. In ihm konnte man lesen wie in einem offenen Buch.
„'ne kleine Auseinandersetzung mit drei Deppen, aber Georg hat mir geholfen!", erklärte er lahm.
„Wer ist Georg?"

„Der Dorfvorstand!“
„Was?“
„Der Dorfvorstand! Verstehst du! Hier haben sie noch so was wie einen Blockwart!“, lästerte er.
„Werde nicht frech!“, schimpfte seine Mutter etwas entsetzt. „Mit so etwas macht man keine Späße!“
„So sind die Jugendlichen aber drauf! Wir wollen hier keine Fremden!“, äffte er mit der Stimme von Seppi nach. „Ausländer raus!“
„Wie redest du denn über die Kinder hier?!“, schimpfte seine Mutter aufgebracht. „Schaffst du dir bereits am ersten Tag Feinde?“
„Ach wo!“, versuchte er sie wieder zu beruhigen. „Ganz im Gegenteil! Nachher holt mich der Siggi mit dem Traktor ab!“
Ihr verblüfftes Gesicht entschädigte ihn für diese kleine Auseinandersetzung. Er nahm einen weiteren Bissen und machte eine lässige Handbewegung: „Wahrscheinlich sucht er jemanden, der ihm hilft den Kuhstall auszumisten! Ich übernehme keine Garantie für den anschließenden Gestank! Du wolltest ja unbedingt hierher!“
„Ich habe kein Problem mit Kuhmist! Ich liebe Stallgeruch!“, flötete sie enthusiastisch, und er glaubte ihr das sofort.

„Was machst du eigentlich mit dem dritten Zimmer?“, erkundigte er sich diplomatisch.
Sie errötete sichtlich und strich sich fahrig eine Strähne ihres Ponys zur Seite. „Ach, ich weiß noch nicht! Im Moment wollte ich es eigentlich nur als Gästezimmer nutzen!“
„Für Papa?“, hoffte er sehnsüchtig.
„Bestimmt nicht!“, betonte sie ungewohnt scharf.
„Schade! Findest du das Haus nicht ein bisschen groß für uns beide?“

„Wieso? Willst du lieber wieder in die Zwei-Zimmer-Wohnung zurück?"
„Nee, auf keinen Fall! Aber gleich ein ganzes Haus?"
„Ich brauche einfach mehr Platz für mich! Und ein eigenes Büro, wo ich nicht immer meinen Computer wegräumen muss, wenn es Essen gibt!"

Vor dem Haus tuckerte plötzlich der Leerlauf eines Traktors und Felix ruckte mit seinem Kopf: „Ich glaube mein neuer Freund ist da! Darf ich gehen?"
„Klar! Aber komm nicht so spät wieder! Wir wollten doch essen gehen!"
„Mach ich!", versprach er hastig, dann sauste er bereits aus der Tür.
Bewundernd stellte er sich vor den eindrucksvollen Traktor und stemmte die Hände in die Hüften: „Cooles Teil! Hast du schon einen Führerschein?"
Der Junge hinter dem riesigen Lenkrad grinste breit: „Freilich! Und nächstes Jahr mache ich den Mofaschein!"

Felix kletterte zu dem Jungen auf den Bock und fachsimpelte über die besten Motorräder. Schnell hatte er festgestellt, dass ihn ähnliche Interessen mit dem fremden Jungen verbanden.
Außerdem wusste Siggi viel über Technik, konnte bereits kleinere Reparaturen an diversen Maschinen selbst durchführen. „Wo fahren wir überhaupt hin?"
„Auf's Feld! Ich brauche Grünfutter für die Kühe!"
Schweigend beobachtete Felix, wie Siggi bei einer riesigen Scheune geschickt den Anhänger ankoppelte und wieder ins Führerhaus kletterte. Mit Vollgas ratterte er den Feldweg entlang, wich einem Radfahrer aus, der anschließend in einer riesigen Staubwolke versank und schimpfend hinter ihnen her-

brüllte. Mit einem vergnügten Grinsen kurvte Siggi den Traktor samt Anhänger auf eine mit üppigem Gras hoch stehende Wiese, brachte dabei den Anhänger ganz schön ins Schlingern. Langsam wurde es Felix bei den Fahrkünsten des Bauernjungen zu heiß! „Fährst du immer so?“, wagte er zu fragen.
„Freilich!“, lachte Siggi zurück. „Ich muss doch für meine X-Box üben! Need for Speed!“
„Super! Aber da fliegst du nicht in echt von der Strecke!“
„Hast du auch eine X-Box?“, fragte Siggi interessiert.
Erleichtert bemerkte Felix, dass der Traktor nun in mäßigem Tempo über die Wiese rollte und gleichzeitig mähte. Der Geruch nach frisch geschnittenem Gras stieg ihm in die Nase, irgendwie angenehm und beruhigend.
„Hmh!“, brummte er vorsichtig. Er hatte nämlich ziemlich viele Ballerspiele, die erst ab achtzehn Jahren freigegeben waren. Sonst war das sein Einstieg in die virtuelle Erwachsenenwelt, zu seinem „Clan“, aber er wusste noch nicht, ob er sich auf die Verschwiegenheit seiner neuen Bekanntschaft verlassen konnte.
„Cool! Vielleicht komme ich nach dem Stall noch vorbei!“, schlug Siggi begeistert vor.
„Nach dem Stall?“, erkundigte sich Felix irritiert. Es klang nach irgendeinem geheimen Treffpunkt oder so was.
„Ja, nach dem Melken! Dann habe ich frei!“
Felix tat, als wäre das selbstverständlich, obwohl er sich im Grunde über sich selbst ärgerte. Stall! Aber klar! Er war hier schließlich in einem Kuhdorf! „Arbeitest du schon?“
„Nö! Das ist unser Hof! Aber heute bin ich mit Stallmisten dran!“
„Hast du noch Geschwister?“
Siggi nickte wichtig: „Einen Bruder und eine kleine Schwester! Und du?“
Felix schüttelte den Kopf: „Nee, ich bin allein!“

Es klang neutral, als mache ihm das nichts aus. Inzwischen hatte er akzeptiert, dass seine Eltern keine Kinder mehr wollten. Wahrscheinlich war auch er nur ein „Unfall" gewesen, ein Ausrutscher, der in der lauen Nacht eines teuren Urlaubs entstanden war. Na ja, und jetzt lebten seine Eltern eh getrennt. Manchmal wünschte er sich, dass er überhaupt nicht auf der Welt wäre!
Was wäre er dann? Eine Blase im Kosmos? Ein leichter Gedanke, der anderen Menschen im Kopf herumspukte? Ein Windstoß? Oder wie hier- der Geruch des geschnittenen Grases? Mann, er philosophierte schon genauso wie seine Mutter!
„Kann ich zuschauen?", fragte er.
„Bei was?"
„Na, beim Melken?"
„Klar!", freute sich Siggi. „Dann ist es nicht so langweilig! Du kannst dir auch die Musik aussuchen!"
„Die Musik?" Felix verstand kein Wort.
„Ja! Die Kühe geben mehr Milch, wenn sie Musik hören! Sie stehen auf Volksmusik, sagt mein Vater, aber das stimmt nicht! Sie mögen auch Xavier Naidoo!"
Felix lachte hemmungslos los. Noch nie hatte er einen solchen Schwachsinn gehört! Kühe, die auf Musik stehen! Oh Himmel! In was für einen Film war er hier geraten?
Er begleitete Siggi zum Kühe melken, staunte, als er ihnen tatsächlich Xavier Naidoo und Tracy Chapman vorspielte und half zum ersten Mal in seinem Leben beim Stalldienst. Mit einer großen Mistgabel verteilte er das Gras, streichelte die feuchten Nüstern eines Kalbes und fühlte sich wie auf einem anderen Planeten. Ging es seiner Mutter ebenso, wenn sie schrieb? Eintauchen in eine völlig fremde Welt?
Er verabredete sich für den Abend mit Siggi und trabte wieder nach Hause. Niemand begegnete ihm, anscheinend war der Rest der Jugend noch bei dem Dorfweiher, und er ließ seinen

Blick durch die Gärten schweifen. Überall standen Schaukelgestelle und diese neumodischen Trampoline herum. Fast in jedem Garten, als wären es Statussymbole. Gab es hier keinen Spielplatz? Warum brauchte jedes Kind einen eigenen Sandkasten?

Seine Mutter hatte sich bereits umgezogen und wartete auf ihn.
„Na, schon einen Freund gefunden?"
„Kann schon sein! Siggi kommt nachher vorbei! Gehen wir jetzt essen?"
„Sicher! Wenn du noch ein sauberes T-Shirt findest!"
Felix rannte die Treppen hoch und wühlte in seinem Schrank nach einem sauberen T-Shirt. Nachdem er sich grundsätzlich viermal am Tag umzog, und anschließend die gebrauchte Wäsche wieder in den Schrank warf, war es schwierig zu entscheiden, welche Hemden noch am wenigsten getragen war. Er machte mehrere Geruchsproben und entschied, dass einige Sachen doch in die Wäsche gehörten. Schließlich schlüpfte er in ein Baseball T-Shirts, ganz ohne Flecken, setzte eine neue Basketballkappe auf und sprang drei Stufen auf einmal nehmend die Treppe nach unten.
Seine Mutter fuhr ausgerechnet zum einzigen Gasthof des Dorfes, eigentlich hätten sie auch zu Fuß gehen können! Missmutig zog Felix die Kappe tiefer ins Gesicht und hoffte, dass keiner dieser Dorfdeppen ausgerechnet jetzt auftauchte. Ausgehen mit Mami! Noch tiefer sinken konnte er eigentlich nicht.

Der Wirt war ganz nett. Er stellte keine unangenehmen Fragen, fragte nicht nach dem wohin und woher, brachte sofort die Getränke und ließ seine Mutter in Ruhe. Felix entspannte sich sichtlich, auch, weil bisher nur wenige Gäste in der gemütlichen Bauernstube saßen. Zwei kleine Kinder kreischten in voller Lautstärke, ohne von ihren Müttern zur Ordnung gerufen zu werden

und er runzelte genervt die Augenbrauen. „Kleine Mistmaden!“, murmelte er leise.
„Wer?“, wunderte sich seine Mutter.
„Na, die kleinen Biester dort! Ich hätte mich nie so aufführen dürfen!“
Seine Mutter kniff vergnügt die Augenbrauen zusammen und betonte: „Du hast dich ganz genau so aufgeführt!“
„Hab ich nicht!“, wehrte sich Felix entrüstet.
„Doch, natürlich!“

Seine Mutter war sichtlich erschöpft, und so wurde die Unterhaltung einseitig. Felix spekulierte über die neue Schule, über die Jugendlichen in diesem Ort, wie er seine alten Freunde einladen konnte, dann kam endlich das Essen und jeder konzentrierte sich auf seinen Teller. Es war köstlich! Wenigstens ein Vorteil, den dieses Kaff hatte! Einen guten Wirt!
Dann ließ seine Mutter die Katze aus dem Sack. Reichlich unvermittelt meinte sie: „Wir bekommen übrigens bald Besuch! Anfang Oktober kommt ein Bekannter aus Amerika!“
„Na prima, dass wir jetzt ein Gästezimmer haben!“, brummte Felix mit vollem Mund.
„Nicht wahr!“, strahlte seine Mutter. „Ray hilft mir bei meinen Recherchen und nun möchte er mal Deutschland kennen lernen.“
„Hej, dann können wir ihm ja das Oktoberfest zeigen!“
Seine Mutter lachte viel zu heftig und eigentlich hätte Felix jetzt misstrauisch werden müssen, aber er fand jede Gelegenheit gut, seine Mutter auf das Oktoberfest zu schleppen.
„Gute Idee! Das wird Ray bestimmt gefallen!“
„Amerikaner stehen auf Bier und Oktoberfest!“, erklärte Felix im Brustton der Überzeugung. „Aber ich komme auch mit!“
„Selbstverständlich!“, meinte seine Mutter seltsam friedlich.
„Jetzt richten wir erst einmal das Haus fertig ein und dann

konzentrieren wir uns auf deine Schule!", zwinkerte seine Mutter vertraulich.

„ Wir?", argwöhnte er. „Ich gehe in die Schule, nicht du!"

„Nun, bis du deinen Abschluss in der Tasche hast, gehen wir wieder gemeinsam in die Schule, mein Schatz!"

„Ich schaff das schon!", erklärte er unwillig. Nichts war schlimmer als von seiner Mutter wie ein Baby gegängelt zu werden.

„Natürlich! Trotzdem schadet es nicht, wenn ich einen Blick auf deine Englisch und Deutsch Hausaufgaben werfe!"

„Mama!", stöhnte er empört. „Ich dachte, du willst schreiben?!"

„Vertrauen ist gut, Kontrolle ist besser!"

Am Abend stand tatsächlich Siggi vor seiner Tür, und seine Mutter vollbrachte das Wunder unsichtbar im Hintergrund zu verschwinden. „Schön, dass du da bist!", grinste Felix und winkte Siggi nach oben. Natürlich sah er die neugierigen Blicke des Jungen und plötzlich war er sich nicht mehr ganz so sicher, ob Siggi nicht doch als Spion geschickt worden war. „Wir sind noch nicht ganz fertig!", erklärte er unsicher.

„Schon klar!", lächelte Siggi. „Ganz schön großes Haus!"

„Meine Mutter ist Schriftstellerin!", zuckte Felix die Achseln, tat so, als würde das alles erklären.

„Wirklich?" Die Augen des Jungen wurden rund. „Was schreibt sie denn?"

Felix schloss die Augen vor Entsetzen, dann schob er Siggi ein Stockwerk höher. „Esoterik, Fantasy und so!", rettete er sich mit einer Notlüge.

„Cool!", staunte Siggi neidlos. „Aber ich lese nicht viel!"

Felix öffnete die Tür in sein Reich und schnaufte hörbar durch, dass er es doch geschafft hatte halbwegs Ordnung zu schaffen.

„Geil!", lobte Siggi begeistert. „Wohnst du hier allein?"

„Ja, sicher!", antwortete Felix ein wenig verwundert. „Wieso?"

„Na, so ein großes Zimmer! Ich wohne mit meinem Bruder zusammen!“
„Nö, der Dachboden gehört mir allein. Nur das Badezimmer muss ich mit meiner Mutter teilen. Aber wir haben unten noch ein Klo!“
Oh je! Er hörte sich an wie ein Immobilienmakler. Fehlte nur noch, dass er von den Vorzügen des Ortes sprach!
„Wieso mit deiner Mutter? Hast du keinen Vater?“, fragte Siggi verwundert.
Der nächste Volltreffer! Rochen diese Bauern so etwas? Stand es auf seiner Stirn geschrieben? Oh Mann!
„Mein Vater ist andauernd im Ausland! Mit dem arrangiere ich mich schon, wenn er da ist!“, meinte er ausweichend.
„Ach so!“
Felix lenkte die Aufmerksamkeit seines Gastes auf seine imposante X-Box Spiele Sammlung. Siggi staunte sichtlich, zog dann begeistert ein Spiel über die Besiedelung eines fremden Planeten aus dem Regal. „Wie ist´n das?“
„Super! Wollen wir spielen?“
„Hast du auch X-Box live?“
„Klar! Ich bin in einem Clan! Am Samstag haben wir wieder ein Clanspiel!“ Es klang, als wäre es nichts besonderes, dabei war Felix mächtig stolz darauf in Deutschland unter den Top Ten zu spielen. Siggi dagegen schien mit der Information nichts anfangen zu können. „Ich habe keinen Internetzugang!“, meinte er bedauernd.
Felix zuckte kurz die Schultern, sagte aber nichts. Eben doch ein Bauerndorf!
Sie spielten den ganzen Abend, und Felix machte sich einen Spaß daraus, Siggi in Grund und Boden zu ballern. Chancenlos! Trotzdem wurde Siggi nicht wütend, sondern lachte harmlos über sich selbst.

Pünktlich um zehn Uhr sprang Siggi auf und verabschiedete sich. „I muaß jetzt geh'n !"
„Bist du ein Baby? Wartet deine Mami auf dich?"
Siggi lächelte verschmitzt, war weder beleidigt noch wütend. „Schon! I muaß frua aufsteh'n und in den Stall!"
Felix ärgerte sich über sich selbst. Der erste Freund, den er hier hatte und ständig musste er den coolen Macker heraushängen lassen. Wahrscheinlich würde Siggi nie wieder kommen! „Schau halt wieder vorbei!", murmelte er verlegen.
„Mach ich!", erklärte Siggi freundlich, dann verschwand er durch die Tür.
Felix trabte wieder die Treppen nach oben, warf sich auf sein Bett und zappte sich mit der Fernbedienung durch die Fernsehprogramme. Er blieb bei einem alten Western hängen. Selbst er wusste soviel über Indianer, dass er erkannte, dass der Film Schrott war. Tomahawk schwingende Wilde, die auf brave Siedler losstürmten, mit einem Indianermädchen, das zum Schluss sterben musste, damit der Held eine weiße Frau heiraten konnte. Trotzdem sah er ihn sich an und freute sich schon darauf, am Morgen mit seiner Mutter darüber zu diskutieren. Sie würde wieder predigen, und er darauf beharren, dass er den Film toll fand!

Das erste Frühstück in dem neuen Haus verlief allerdings nicht so, wie er es erwartet hatte. Seine Mutter beachtete seine Sticheleien gar nicht, schien mit ihren Gedanken ganz woanders zu sein. „Geht es dir nicht gut?", fragte er besorgt.
„Nein, wieso?"
„Na, sonst lieferst du mir immer wieder flammende Wortgefechte, wenn ich was gegen deine Indianer sage!"
„Wozu sollte ich mich über einen Film aufregen? Wenn er dir gefallen hat, ist das deine Sache! Geschmack ist eben Geschmack!"

Felix starrte seine Mutter überrascht an. Sonst zeigte sie sich keineswegs so liberal, zumindest nicht, wenn es um ihre Lieblinge ging.
„Ich brauche noch einige Dinge für das Haus! Kommst du mit?", wechselte seine Mutter unvermittelt das Thema.
„Wohin?"
„Ich fahre in die Stadt. Dort gibt es ein großes Möbelhaus!"
„Okay! Ich bräuchte auch noch eine Lampe! Bekomme ich die?"
„Kein Problem! Lampen brauchen wir ohnehin!"
Felix nickte mit dem Kopf und sah auf die vielen Drähte an der Decke, an denen gerade mal eine Glühbirne schaukelte. Sie brauchten eine Menge Lampen!

Sie verbrachten fast den ganzen Tag in dem Möbelhaus, verpassten unter der Klimaanlage einen wunderschönen Sommertag, aber am Ende hatte seine Mutter das ganze Möbelhaus leer gekauft. Sie war in einen wahren Kaufrausch verfallen, hatte nicht nur Lampen, sondern Terrassenmöbel, Rasenmäher, Regale, ein neues Doppelbett, Teppiche, Geschirr, Handtücher, neue Bettwäsche und eine Lavalampe für sein Zimmer besorgt.
„Wozu brauchst denn das alles?", fragte er misstrauisch.
„Ich will es richtig schön haben!", erklärte sie mit fester Stimme.
„Vorher war es doch auch schön!"
„Ach, mein Schatz, davon verstehst du nichts!"
Bong! Da war es wieder! Dieses Gefühl, dass er in ihren Augen nie erwachsen sein würde. „Ich brauch noch ein paar Sachen für die Schule!", murmelte er unwillig.
„Wieso wartest du nicht auf den ersten Schultag? Die Lehrerin wird euch bestimmt eine genaue Liste geben, was ihr braucht!"
Musste seine Mutter immer so vernünftig sein? Gerade eben hatte sie ohne mit der Wimper zu zucken zehntausend Euro für eine

neue Einrichtung ausgegeben und nun knauserte sie- nur weil er etwas wollte. „Ich brauche einen neuen Rucksack! Der alte ist kaputt!"
„Der alte ist überhaupt nicht kaputt! Für das eine Schuljahr geht er schon noch!"
„Er ist total versifft! Mit so was kann ich nicht in eine neue Schule gehen!"
„Er ist versifft, weil du ihn immer in die schmutzigsten Ecken wirfst! Pass halt besser auf deine Sachen auf!"
„Bekomme ich nun einen neuen Rucksack oder nicht!", giftete er sie an.
„Du hast doch Taschengeld!", zankte sie in bissigem Ton zurück.
„Mama! Wenn ich am ersten Tag mit so einem abgefuckten Ranzen auftauche, bin ich doch gleich unten durch! Außerdem brauche ich noch Hausschuhe! Hat der Direktor gesagt!"
Verärgert biss seine Mutter die Zähne zusammen, dann blickte sie in seine trotzigen Augen. „Na schön! Ranzen und Hausschuhe! Aber dann ist Schluss!"
„Und die neuen Schulhefte!", setzte er nach.
„Vielleicht auch gar nichts!", fauchte sie wütend. „Du undankbare kleine Mistmade!"
„Mistmaden sind die anderen, nicht ich!", erklärte er selbstgefällig. „Ich bin dein Schatz! Und ein Schatz bekommt einen neuen Schulranzen!"
Sie kicherte erheitert, konnte ihm von einer Sekunde auf die andere nicht mehr böse sein. „Aber komme mir nicht nächstes Jahr mit der gleichen Story!", warnte sie mit erhobenem Zeigefinger.
„Aber nein!", wischte er ihre Sorgen beiseite. Nächstes Jahr war nächstes Jahr!

Passwörter und Zugangscodes

Die nächsten Tage verliefen verhältnismäßig ruhig. Er badete ein paar Mal in dem Weiher und hatte dort die Gelegenheit, einige Jugendliche beschnuppern zu können. Siggi kannte er bereits, aber auch Seppi entpuppte sich als ganz in Ordnung, dem die anfängliche Schlägerei nun leid tat.

„Du bist ganz schön hart im Nehmen!", erklärte er nicht ohne Bewunderung.

„Ich war sieben Jahre im Aikido!", meinte Felix mit einem schiefen Grinsen. Auf den zweiten Blick waren eigentlich alle ganz nett. Seppi mit seinen schwingenden Fäusten. Siggi, der am liebsten auf seinem Traktor saß; oder Görne, ein stiller Junge mit traurigen Augen, der aber auch ganz gut zuschlagen konnte, wenn man ihn provozierte.

Meist besetzten sie einen schattigen Platz unter einem Walnussbaum für sich, unterhielten sich über Mädchen und X-Boxspiele oder flotte Autos. Wenn andere Jugendliche aus einem anderen Dorf einfielen, wurden sie meist grölend mit dem Hinweis vertrieben, dass sie hier nicht erwünscht waren. „Verzupft euch! Das ist unser Weiher!" Gleiches galt jedoch nicht gegenüber fremden Mädels, die ausgesprochen freundlich und zuvorkommend behandelt wurden.

Das Faulenzen tat Felix gut, auch die problemlose Freundschaft, die hier entstanden war. Der Rauswurf aus dem Gymnasium rutschte in den Hintergrund und so langsam freundete sich Felix mit der Situation an. Vielleicht war die neue Schule ja ganz okay und er fand dort neue Freunde. Ihm gefiel, dass hier meistens über harmlose Themen geredet wurde. Vergessen war der Stress des Gymnasiums, in dem es nur um Noten, Lernen, Nachhilfestunden und Lehrer ging. Wie hatte er die endlosen

Diskussionen mit seinem Vater satt, der ihm in schillernden Farben ausmalte, welche beruflichen Chancen er später einmal mit dem Abitur hätte. Hier schien das alles nicht mehr wichtig.
Schule war überhaupt kein Thema, stattdessen wurde über handfeste Ausbildungsplätze gesprochen.
Viele Jungen besuchten die achte oder neunte Klasse der Hauptschule und beschäftigten sich ganz konkret mit ihren Berufswünschen.
Siggi wollte Mechaniker werden und hatte bereits eine Lehrstelle in Aussicht, sah die Schule nur noch als Übergangszeit zu einem besseren Leben.
Görne kochte ausgesprochen gern und hatte sich bei mehreren Hotels und Restaurants beworben.
Felix lachte ihn aus, aber Görne ließ sich nicht aus der Ruhe bringen: „Du, als Küchenchef kann ich mal richtig viel Geld verdienen! Und was willst du werden?“
Felix zuckte die Schultern und blieb ihm eine Antwort schuldig. Die ausgeklügelte Zukunftsplanung seines Vaters für ihn hatte sich mit dem Rauswurf aus dem Gymnasium gerade in Luft aufgelöst. Mechaniker, Dachdecker oder Koch klang irgendwie banal. Er hatte keine Ahnung, welche Berufe er mit Hauptschulabschluss überhaupt noch wählen konnte. Viel Auswahl blieb da nicht.
Er schob den Gedanken zur Seite und lenkte das Gespräch wieder auf unverfängliche Themen. Der zwanglose, kameradschaftliche Umgang miteinander tat ihm gut, auch, dass die anderen kaum Fragen über seine Vergangenheit stellten.
Problemlos passte er sich dem etwas einfältigen, ruppigen Ton an, nur dass sich die Jungen ungeniert mit „Heil Hitler“ begrüßten, und sich dabei auch noch großartig vorkamen, stieß Felix unangenehm auf. „Seid ihr etwa Nazis?“, wagte er vorsichtig zu fragen.

„Aber nein, das ist nur Spaß!", erklärten sie beschwichtigend. Felix erzählte seiner Mutter lieber nichts von diesen seltsamen Gewohnheiten, abgesehen davon, dass er über die trockenen Ausländerwitze durchaus lachen musste. Am Weiher erkannte er jedoch keine aggressiven Tendenzen, hier hockten die Jugendlichen faul zusammen und begnügten sich damit, großartige Reden zu schwingen.
Er fühlte sich bereits als dazugehörig, protzte mit seinem guten Aussehen, machte waghalsige Sprünge ins Wasser, sodass die kleineren Kinder flüchteten, wenn die Jugendlichen sich ihre Balgereien lieferten.
Einige Mütter meckerten lautstark, doch das reizte die Jugendlichen eher noch mehr. Lautstark pöbelten sie umeinander, riefen sich quer über die Wiese Anweisungen zu und warfen mit Kraftausdrücken nur so um sich. Nicht gegen die Mütter, aber so, dass sie mit ihrem Verhalten alle anderen störten.
Nur wenn Georg mit seiner imposanten Größe und noch schlimmeren Mundwerk auftauchte, hielten sie sich zurück, fürchteten seine bissigen Kommentare und seine süffisanten Bemerkungen, die weit unter die Gürtellinie zielten.

Felix wunderte sich, warum die anderen so viel Respekt vor ihm hatten und pfiff leise hinter dem breitschultrigen Erwachsenen her, als dieser am Steg Patrouille ging. „Ist der so was wie ein Bademeister?"
Die anderen wehrten die Vermutung belustigt ab: „Aber nein! Das ist Georg! Der ist in Ordnung!"
„Wieso ist der in Ordnung, wenn er sich hier als Obermacker aufführt?"
„Na, wir helfen ihm beim Dorffest und er mag uns! Wir haben kein Problem mit ihm!"
Aha!

Der erste Tag in der neuen Schule verlief ganz gut. Er hatte eine sehr junge Lehrerin, die auch noch gut aussah und freundlich zu sein schien.
Felix stellte sich in gewohnt forscher Art seinen Mitschülern vor, erzählte, dass er nur mal schnell den „Quali“ machen wollte, um anschließend die Fachakademie zu besuchen.
Das dies erst mit dem Bestehen der „Mittleren Reife“ möglich war, verschwieg er lieber, aber sein wahrer Plan im Anschluss an die neunte Klasse den M-Zug zu besuchen, klang irgendwie zu banal. Fachakademie!
Auch wieder so eine Idee von seinem ehrgeizigen Vater! „Da kannst du die mittlere Reife machen und dann anschließend zur Fachoberschule. Vielleicht studierst du ja mal Ingenieurswesen.“
Mann!
Bis er mit seiner Berufsausbildung fertig sein würde, wäre er ein alter Opa! Vielleicht hatte er gar keine Lust zu studieren! Und wieso ausgerechnet Ingenieurswesen!
Seine Vorstellung in der neuen Klasse sorgte jedoch für den nötigen Eindruck, vor allem bei den Mädchen! Bei der anschließenden Klassensprecherwahl wurde er prompt mit überwältigender Mehrheit zum Klassensprecher gewählt, natürlich mit Unterstützung der Mädchen, die ihn anscheinend „süß“ fanden.
Felix fühlte sich wie der Hahn im Korb, sonnte sich in dem Neid der anderen Jungen und würzte den Unterricht mit frechen Bemerkungen, mit denen er sofort die Lacher auf seiner Seite hatte.

Zu seinen neuen Aufgaben als Klassensprecher gehörte auch die alberne Regel, jeden Lehrer der die Klasse betrat, im Namen der Klasse zu begrüßen.
Natürlich kannte er bisher nur die Klassenlehrerin, und so rettete er sich, in dem er bei jedem neuen Lehrer meinte: „Die Klasse 9 a begrüßt den mir unbekannten Lehrer!“

Jedes Mal tuschelten die Kinder hinter vorgehaltenen Händen und warteten sehnsüchtig auf weitere Unterbrechungen des Unterrichts.

Der Direktor schaute sich Felix Höhenflug genau zwei Tage an, dann verpasste er ihm eine gehörige kalte Dusche. Weil er angeblich noch nicht lange genug an der Schule gewesen sei, um die Aufgabe verantwortungsvoll auszufüllen, wurde Felix seines Amtes als Klassensprecher enthoben, und Albert, der nach ihm die meisten Stimmen gehabt hatte, zum Klassensprecher erkoren. Felix lieferte sich ein heißes Gefecht mit dem Direktor, in dem er ihm autoritäres und undemokratisches Verhalten vorwarf, doch es änderte nichts an dessen Entscheidung.

Felix kochte vor Wut, denn diese Zurücksetzung war eine Blamage und schadete seinem Ansehen. Seine Bemerkungen im Unterricht waren nun keine lustigen Einlagen, sondern wurden als Störungen geahndet.
Plötzlich war er der Buhmann in der Klasse, der Neue, der gemobbt werden konnte, weil der Direktor ihn ständig maßregelte. Jede Bemerkung, jeder gute und noch so konstruktive Beitrag wurde von dem Direktor, aber auch von der Klassenlehrerin, schlecht gemacht oder als unwichtig abgetan.
Wahrscheinlich wollten sie ihn disziplinieren, seine Aufmüpfigkeit im Keim ersticken, aber in der Klasse hatte es verheerende Folgen für Felix.
Die Jungen stellten sich offen gegen ihn, provozierten ihn in der Pause, nannten ihn Weiberheld oder Weichei, und grenzten ihn bei Freizeitaktivitäten aus.
Voller Genugtuung erzählten sie in seiner Gegenwart von lustigen Partys, grinsten unverschämt, wenn er sich gedemütigt abwandte.

Manchmal wehrte sich Felix auch, ging dann mit erhobenen Fäusten gegen einen Jungen vor, der ihn mit Worten schikanierte. Albert ließ keine Gelegenheit aus ihn zu provozieren und hatte immer eine Meute anderer Jungen um sich herum, die ihn beschützten.
„Feige Sau!", schimpfte Felix dann, „du bist ja zu feige, um selbst mit mir zu reden!" Wie sehr vermisste er bei diesen Auseinandersetzungen seine Freunde aus dem Dorf. Aber Siggi und Seppi waren in der Parallelklasse, konnten ihn höchstens auf dem Pausenhof oder im Bus unterstützen, und andere Freunde waren bereits in der Berufsausbildung.

Auch das Verhalten der Lehrer veränderte sich spürbar. Er galt nun als Störenfried und Schläger, und wurde von den Lehrern mit Argusaugen beobachtet. Wegen Kleinigkeiten bekam er Verweise oder schlechtere Noten, obwohl er gelernt hatte. Die Situation spitzte sich zu, als der Direktor wieder einmal eine Kurzarbeit nur mündlich diktierte und Felix anschließend eine schlechte Note erhielt. Aber wie sollte er gegen ungerechte Noten angehen, wenn die Fragen nur mündlich gegeben wurden und er nicht beweisen konnte, dass der Dirktor die Frage ganz anders formuliert hatte? Hier war irgendwie die Welt stehen geblieben!
Zuhause dagegen tobte seine Mutter: „Wie kannst du dir in so kurzer Zeit alle Sympathien verderben! Kaum bist du in der neuen Schule, gibt es schon wieder Ärger! Wie machst du das?"
Felix ballte die Faust und schaute seine Mutter wütend an: „Ich mache gar nichts! Der Direktor ist ein Nazi! Er kann doch nicht einfach einen gewählten Klassensprecher absetzen! Jetzt haben die anderen eben keinen Respekt mehr vor mir!"
Seine Mutter wurde blass und ihre Stimme wurde ganz leise vor Ärger: „Sag so etwas nicht noch mal, sonst werfen sie dich

gleich von der Schule! Du brauchst den Quali oder du bist hier gar nichts mehr! Dann stehst du auf der gleichen Stufe wie ein arbeitsloser Penner!"

„Ja, ja! Ich werde mal Straßenkehrer!", fauchte Felix.

„Oh, da täuscht du dich!", flötete seine Mutter zynisch. „Bei der Müllabfuhr kommst du nur mit besten Referenzen rein! Sieh zu, dass du dich mit diesem Direktor arrangierst!"

„Ich kriech dem doch nicht in den Arsch! Es war ungerecht, mich als Klassensprecher abzusetzen, nur weil ich noch nicht alle Lehrer gekannt habe! Und es ist total ungerecht eine Aufgabe nur mündlich zu formulieren! Wie soll man da die Note überprüfen? Dieser Typ kann doch nicht einfach machen, was er will!"

„Nun, du siehst ja, dass er die Macht dazu hat! Also leg dich nicht mit dem an!"

„Er ist halt ein Nazi!", erklärte Felix verächtlich.

Mit der anschließenden Reaktion seiner Mutter hatte Felix allerdings nicht gerechnet. Sie gab ihm eine so heftige Ohrfeige, dass es klatschte. „Du machst mir nichts als Ärger!", schrie sie sprühend vor Zorn. „Du arrogantes kleines Biest, machst mir nichts als Ärger!"

Felix spürte, wie eine bodenlose Wut in ihm hoch brodelte, er konnte kaum Luft holen, so sehr schockte ihn die Ohrfeige seiner Mutter. Noch nie hatte sie ihn geschlagen, noch nie!

Er ballte die Fäuste und beherrschte sich auf das Äußerste, um nicht zurückzuschlagen. Am liebsten hätte er sie zu Boden geschlagen und sie mit seinen Füßen traktiert. Er stellte sich vor, wie sie am Boden lag und er mit seinen Schuhen in ihre Rippen trat, so wie es die Rechten machten, wenn sie einen Ausländer verprügelten.

Jetzt verstand er, woher diese Wut kam, dieser sinnlose Hass, denn er stand kurz davor auf seine Mutter einzuprügeln. Er wollte jemandem wehtun! So richtig weh!

Mit seiner Faust drosch er ein Loch in die Wohnzimmertür, dann flüchtete er mit schmerzenden Fingern die Treppe nach oben. Seine Tür fiel mit einem Krach ins Schloss, dann warf er sich zitternd vor Wut auf sein Bett.

„Felix!“, brüllte seine Mutter von unten. „Komm sofort wieder runter!“

Er hörte, wie sie die Treppe hochkam und versuchte sich irgendwie zu beruhigen. Warum konnte sie ihn nicht einfach in Ruhe lassen? Warten, bis sich der Gefühlssturm wieder legte?

Die Klinke wurde heruntergedrückt, und seine Mutter trat neben sein Bett. „Sag mal, spinnst du…?“, fragte sie relativ gelassen. „…du hast gerade die Wohnzimmertür demoliert!“

„Na und?“, murmelte er bockig. Wieso reizte sie ihn auch so?

„Den Schaden ziehe ich dir vom Taschengeld ab!“

„Na und!“, wiederholte er stur.

„Willst du gar nichts dazu sagen?“, fragte sie ebenso herausfordernd.

„Der Direktor ist ein Depp!“, kam es zu seiner Rechtfertigung.

„Okay! Aber ist das ein Grund die arme Wohnzimmertür einzuschlagen?“

Er kicherte leise, fühlte sich nun doch etwas besser. „Nee!“, gab er unumwunden zu. „So ein Depp hat es gar nicht verdient, dass man sich wegen ihm aufregt!“

„Das meine ich auch! Was macht deine Hand?“

„Tut weh!“, stöhnte Felix, merkte eigentlich erst jetzt, dass seine Hand entsetzlich schmerzte.

„Soll ich mal nachsehen?“

„Nee, geht schon! Ich mach mir einen kühlen Umschlag!“

„Na, schön! Wir werden uns beim Abendessen eine Strategie überlegen, wie du mit diesem Direktor fertig wirst! Der Quali ist wichtig! Soll ich mal mit dem Direktor reden?“

„Bloß nicht!“, wehrte Felix entsetzt ab.

Das wäre sein endgültiges Ende! Eine Mama, die bei jeder Kleinigkeit in die Schule rennt! Noch mehr Schaden konnte sie gar nicht anrichten. „Ich klär das schon!"
„Schön, dann verhandeln wir heute Abend, wie du das mit der Tür regeln kannst! Hoffentlich bekomme ich keinen Ärger mit dem Vermieter, wenn ich ihm beichte, dass bereits in den ersten Tagen eine Tür zu Bruch gegangen ist!"
„Sage ihm halt, dass es beim Einzug passiert ist!", schlug Felix weltmännisch vor.
„Werde nicht frech, aber wahrscheinlich keine schlechte Idee! Jedenfalls besser, als wenn ich ihm erzähle, dass mein halbwüchsiger Sohn einen Rappel bekommen hat!"

In den nächsten Tagen kehrte er in der Schule gezwungener Maßen seine guten Manieren heraus, und die Situation beruhigte sich etwas. Der Direktor beobachtete ihn wie eine giftige Spinne, schien aber zufrieden zu sein, dass er sich besser benahm und ließ den Druck von ihm. Einige Unterrichtsbeiträge von ihm wurden nun wieder freundlich kommentiert und der Dirktor gab ihm eine Eins in Mitarbeit.
Die Klassenlehrerin entspannte sich sichtlich, gab ihm ganz gute Noten, nur seine Leistungen im Diktat waren weiterhin mangelhaft. Kein Wunder! Im Gymnasium hatte er schon seit der fünften Klasse keine Diktate mehr geschrieben!
Also besorgte seine Mutter ein Übungsheft für Rechtschreibung, wie immer, wenn er irgendwo Wissenslücken hatte, und diktierte ihm abends einen Text nach dem anderen.

Entschädigt wurde er durch einige viel versprechende Gespräche mit einem Mädchen aus der Parallelklasse: Eva! Eine kleine, schnuckelige Maus, mit blonden Locken, einem zierlichen Körper, der immer noch braun gebrannt vom letzten Türkeiurlaub war. Sie wohnte drei Dörfer weiter, ein ziemliches Problem, wenn man bedachte, dass es noch einige Zeit dauern würde, ehe er seinen Führerschein machen konnte. Also trafen sie sich in der Pause, gingen Händchen haltend über den Pausenhof oder drückten sich in irgendwelche Ecken, um sich ausgiebig zu küssen. Die Lehrer sahen es mit Argwohn, fürchteten um die guten Sitten an der Schule und baten Felix etwas weniger demonstrativ seine Liebe zur Schau zu stellen.

Felix schüttelte darüber nur den Kopf. „Die mischen sich aber auch in alles ein!“, schimpfte er aufgebracht. „Jetzt werden noch Regeln zum richtigen Küssen aufgestellt!“

Also verabredeten sie sich am Nachmittag, fuhren gleich mit dem Schulbus zum Haus des einen oder anderen.

Mit der logischen Konsequenz, dass die Hausaufgaben in Mitleidenschaft gezogen wurden. Schließlich wollte man die Zeit miteinander nutzen, und nicht mit unnützen Hausaufgaben vergeuden, die man abends oder nachts immer noch machen konnte.

Nur, während Eva sehr wohl den Abend nutzte, um ihre Aufgaben zu erledigen, verbrachte Felix diese Zeit bei seinen Freunden im Internet.

Die Clanspiele waren weit wichtiger als irgendwelche Formeln für Mathe auswendig zu lernen, die er ohnehin nicht verstand.

Seine Mutter reagierte entsprechend gereizt, drohte mit Internetverbot oder anderen drastischen Strafen.

Tatsächlich sperrte sie das Internet mit einem Codewort, das er bereits beim dritten Versuch entschlüsselte.

Er probierte „Indianer“, „Sioux“, und hatte mit „Lakota“ den gewünschten Erfolg. So leicht war seine Mutter zu durchschauen.

Er drehte die Lautstärke seiner X-Box auf ein Minimum, sodass seine Mutter nicht hörte, dass er nach wie vor seinem Ballerspielhobby frönte.

Sie war richtig gut gelaunt, dachte natürlich, dass sie eine perfekte Erziehungsmethode gefunden hatte, damit er seine Energie in die Schule steckte.
Weit gefehlt! Eva, seine Freunde im Dorf und sein Internetclan forderten seine gesamte Aufmerksamkeit und so gerieten seine schulischen Leistungen ziemlich ins Hintertreffen.

Seine Mutter beruhigte er mit Halbwahrheiten über seinen angeblichen Lernaufwand. „Ich lern doch, Mami! Aber in der Hauptschule haben sie halt einen ganz anderen Stoff!"
„Erzähl mir keinen Quatsch! Du kommst aus dem Gymnasium! Du müsstest das mit Leichtigkeit schaffen!", schimpfte seine Mutter, als er in Deutsch wieder nur eine Drei geschrieben hatte.
In Hauswirtschaft sah es ganz übel aus. Seine Mutter war schon keine gute Köchin, woher sollte er also wissen, wie man Kuchen buk oder Schweinegeschnetzeltes zubereitete?
„Wenn ich durchfalle, dann wegen Hauswirtschaft!", maulte er.
„Dann musst du eben mit Sport ausgleichen!"
„Sport ist nicht so einfach! Da gibt es einen Theorieteil!"
„...den du lernen kannst!", entgegnete seine Mutter.
„Mach ich doch! Aber ich schreibe in so vielen Fächern Prüfung! Arbeitslehre, Deutsch, Mathe....!"
„Aber, aber, aber!", äffte seine Mutter ihn nach. „Ich höre immer nur, was du nicht kannst, aber nicht, wie du es schaffst! Vielleicht setzt du dich mal hin und lernst?"
Felix ließ diese Moralpredigten über sich ergehen, verdrückte sich in sein Zimmer und schaltete die X-Box ein. Lernen! Der Quali war irgendwann vor den Pfingstferien oder danach, und da hatte er noch genügend Zeit, um zu lernen!

Mit seinen Freunden Siggi, Sepp und Görne tummelte er sich auf dem Oktoberfest in München, wunderte sich ein bisschen, dass der amerikanische Gast noch nicht eingetroffen war, ohne seine Mutter darauf anzusprechen. So wichtig war das nun auch nicht.

In der Schule besserte sich die Situation ein wenig. Er passte sich dem rauen Tonfall der anderen an und imponierte den Jungen mit radikalen Äußerungen. Er hatte dabei ein schlechtes Gewissen, denn er wusste, dass seine Mutter dies nicht gutheißen würde. In der Klasse dagegen brachte es ihm den gewünschten Erfolg.
Albert fand ihn nun doch ganz in Ordnung und im Sport wurde er wieder als erster ins Team gewählt. Er bemühte sich um guten Kontakt, biederte sich mit den Stärksten in der Klasse an und führte ein klärendes Gespräch mit Albert. „Wir müssen hier zusammenhalten!“, erklärte ihm der Klassensprecher. „Weißt du, gegen die Kanaken! Da brauchen wir jeden Mann! Du hältst doch zu uns oder?“
Felix wand sich wie ein Fisch im Netz, aber er wollte nicht wieder der Außenseiter in der Klasse sein. „Klar!“, meinte er großspurig. „Kein Problem!“
Trotzdem wunderte er sich, dass der sonst so autoritäre Direktor nicht klar gegen solche Hetzparolen einschritt. Schon in seinem Dorf waren ihm die unbedachten Äußerungen seiner Freunde aufgefallen, aber die waren harmlos im Vergleich zu den offen rassistischen Bemerkungen seiner Mitschüler. Besonders das bevorstehende Herbstfest in der nächsten Stadt gab Anlass zu wilden Hetzparolen gegen Ausländer.
„Kanaken wollen wir dort nicht!“, erklärten sie offen.
Oder: „Denen geben wir Saures!“
„Kanakenklopfen!“, hetzten sie sich gegenseitig auf.
„Kanakenklopfen?“, wiederholte Felix, als wäre er schlecht von Begriff.

„Ja, wenn die unsere Mädels anmachen, dann gibt es eins auf die Mütze!“, erklärte Albert, und schüttelte vielsagend seine Faust. „Das ist unser Herbstfest, da haben Ausländer nichts zu suchen!“

Felix senkte irritiert den Kopf und wusste nicht, wie er nun reagieren sollte. Eigentlich hatte er nichts gegen Ausländer. Aber nun konnte er seine Meinung nicht mehr ändern, nun hatte er sich festgelegt.

„Ich habe keinen Bock auf Ärger!“, erklärte er lahm.

„Noch nicht!“, warnte ihn Albert. „Warte ab, wenn du das erste Mal mit deinem Mädel ins Kino gehst! Dann stehen die Kanaken da, machen einen auf Obermacker und fegen dich an!“

„Dann werde ich ihnen schon das Maul stopfen!“, meinte Felix selbstbewusst.

„Klar kannst du das! Du bist ja auch Superman, der sich gleich mit mehreren anlegt! Hast du es noch nicht kapiert? Kanaken kommen immer im Rudel! Also müssen wir auch zusammenhalten! Verstehst du das?“

„Klar!“

Eigentlich war nichts klar, ganz im Gegenteil! Felix hatte gerade das Gefühl in eine Falle getappt zu sein, aber es war zu spät. Jetzt konnte er keinen Rückzieher mehr machen. Er gehörte nun zu dieser Klasse, musste sich ihren Regeln anpassen oder er wäre wieder zum Außenseiter abgestempelt. Er konnte nur hoffen, dass seine Klassenkameraden nicht wirklich eine Schlägerei provozierten.

Ihn irritierte das harmlose Auftreten der Jugendlichen, die freundliche Balgerei und dann wieder die unreflektierten Hasstiraden gegen Ausländer. Er konnte einfach nicht abschätzen, wie ernst sie es damit meinten. Hier gab es keine Grauzonen, keine Gruppenbildungen, wie es im Gymnasium üblich gewesen war. Alle Jungen hatten eine Meinung und wer sich dagegen stellte war automatisch Außenseiter. Also passte Felix sich an, kleidete sich sogar wie die anderen, um ja nicht aufzufallen.

Dann verabredeten sie sich auf dem Herbstfest, begrüßten sich im Festzelt grölend mit „Heil Hitler“, auch Felix, und kamen sich großartig vor, weil es niemand wagte, sie zu belehren oder zu ermahnen. Felix gehörte nun zu dieser Gruppe, spielte nach ihren Regeln und sah die Vorurteile der anderen gegenüber Ausländern bestätigt.
Er fand es entsetzlich, wie sich türkische Jugendliche kleideten, mit goldenen Ketten behängten, als wären sie Two-Pack oder sonst irgendein Rapper, in Gruppen herumlungerten und deutsche Mädchen anmachten. Übel, richtig übel!
Aber in der Gruppe, ja, da waren sie stark, da trauten sich diese Typen mit ihren überdimensionalen Ghettoblastern nicht an sie heran. Felix tauchte in diese Gruppe aus demonstrativer Gemeinschaft und gelebtem Zusammenhalt ein. Es machte Spaß, die Erwachsenen herauszufordern, ihre Ohnmacht mitzuerleben, denn gegen eine große Gruppe Jugendlicher wagte niemand etwas zu sagen.
Felix fand das alles toll! Auf den Bierbänken zu sitzen, verbotenerweise ein Bier zu trinken und gegen andere zu grölen! Hämisch beobachtete er, wie Familien sich von ihnen wegsetzten, Mütter indigniert die Köpfe schüttelten und andere Jugendliche bewundernd zu ihnen hinüber schielten! In der Gruppe fühlte er sich stark! Sonst wollte niemand etwas von ihnen wissen, überall stießen sie auf Ablehnung und Unverständnis, aber in der Gruppe hielten sie zusammen.

Ihr Feindbild war klar! Beim Herbstfest ging es gegen die Türken, ansonsten gegen die Russen! Noch war alles harmlos. Türkenwitze, kleinere Rangeleien, doch hier und da hing bereits ein

Hakenkreuz im Keller, natürlich nur aus Spaß, und es war modern, rechtsradikale Lieder zu hören.
Felix hatte diese Lieder auch auf seinem Laptop, fand es ganz schön krass, wie hier offen gegen Ausländer gehetzt wurde. So etwas hatte er noch nie gehört! Aber es war ja nur Musik, die illegal vom Internet herunter geladen wurde!
Nichts Ernstes! Nur nicht auffallen, dass man vielleicht eine andere Meinung hatte!
Fleißig lud er sich die neuesten Hits herunter und überspielte damit auch sein schlechtes Gewissen, obwohl er seiner Mutter manchmal nicht mehr in die Augen schauen konnte. Hoffentlich kontrollierte sie nie seinen Computer und hoffentlich musste er nie ihre unbequemen Fragen beantworten. Er wich seiner Mutter weiträumig aus und knurrte nur kurze Antworten, wenn sie ihn manchmal auf der Treppe erwischte.
Doch dann erhielten sein Enthusiasmus und seine Heimlichtuerei einen gewaltigen Dämpfer. Bei einem Mädchen in seinem Bekanntenkreis hatte die Polizei den Computer sichergestellt, massenweise kopierte Filme und Musik gefunden, und nun drohte der Familie eine Strafe von mehreren tausend Euro.

Vorsichtig fragte Felix seine Mutter, wie man denn Daten auf dem Computer sicher löschen könnte und erntete einen erstaunten Blick. „Eigentlich gar nicht! Außer du fragmentierst die Festplatte und spielst ein neues Betriebssystem drauf. Wieso?“
„Na ja, ich habe mir einige Lieder aus dem Internet herunter geladen! Ich dachte, das geht, aber nun hat sich herausgestellt, dass es anscheinend illegal ist!“
„Wie kommst du ins Internet?“, fragte seine Mutter mit ihrem messerscharfen Verstand.
„Äh!“, stotterte er verlegen. Dann grinste er frech: „Ich habe dein Codewort geknackt!“

„So!“, erwiderte seine Mutter. „Und nun möchtest du, dass ich dir bei deinen kriminellen Machenschaften helfe?“
„Ja! Weil es nämlich ziemlich teuer werden kann, wenn ich erwischt werde!“
„Schöner Mist! Das können wir uns im Moment gar nicht leisten! Also gut! Dann zeig mir mal, was du da angerichtet hast!“
Bereitwillig führte Felix seine Mutter in sein Zimmer und fuhr den Computer hoch. Er zeigte ihr den Ordner mit seinen Musikdateien und erklärte ihr, wie er die Musik herunter geladen hatte. „Auf den Seiten hieß es, dass es legal sei!“
„Was es alles gibt!“, wunderte sich seine Mutter, dann verdunkelte sich ihr Gesicht, als sie die Titel der einzelnen Lieder las. „Sag mal, was sind denn das für Lieder?“, fragte sie entsetzt.
„Wieso?“, zuckte Felix die Schultern, setzte dazu ein unschuldiges Gesicht auf.
„Na, ja, diese grässlichen Lieder hier! Sag mal, spinnst du?“
„Mei, die sind halt gerade „in“ bei uns!“, verteidigte sich Felix lahm.
„In?“, bohrte seine Mutter. „Und was ist noch so „in“ bei euch?“
„Wieso?“, wehrte Felix die Frage ab. „Bei uns ist alles normal!“
„Aha, na dann, löschen wir diesen Mist doch einfach! Und bitte sorg dafür, dass dieser Schrott nicht wieder auf deinem Computer erscheint! Außerdem werde ich wohl das Codewort für‘s Internet ändern! Ich dachte, du würdest deine Zeit nutzen, um zu lernen!“ Enttäuschung schwang in ihrer Stimme mit, aber auch Wut.
„Mama!“, beschwerte sich Felix. „Mein Clan braucht mich! Ich habe ein wichtiges Spiel!“
„Deine Schule braucht dich! Und das Leben! Aber nicht dieser virtuelle Unsinn! Im Internet bestehst du keinen Quali und machst auch keine Ausbildung! Wach auf, mein Freund! Hier ist das Leben!“

„Das musst du ja gerade sagen! Wer lebt denn die ganze Zeit in einer Scheinwelt!? Du mit deinen blöden Indianern!"
„Immerhin verdiene ich damit meinen Lebensunterhalt! Das kann man von dir nicht behaupten!"
„Mama, ich lern doch genug! Wenn ich gute Noten habe, dann kannst du mich doch auch ein bisschen spielen lassen!"
„Natürlich kann ich das!", erklärte seine Mutter großmütig. „WENN du gute Noten hast! So ist der Deal! Gute Noten – Zugang zum Internet!"
„Das ist Erpressung!"
„Genau!"

Seine Mutter löschte die Festplatte, installierte ein neues Betriebssystem, dann ließ sie ihn allein. Natürlich änderte sie den Zugangscode für das Internet und nach hundertfünfzig Versuchen es zu knacken, sank Felix mit Tränen der Wut in den Augen auf sein Bett zurück. Diese Mistmade!
Er hatte alles ausprobiert! Die Namen aller Familienmitglieder, samt längst verstorbener Haustiere, Indianerhäuptlinge, Stämme, Lieblingslieder seiner Mutter, einfach alles, aber er konnte nicht ins Internet. Langsam dämmerte ihn, was das hieß!
Sein Clan! Er würde seinen Status verlieren, konnte die nächsten Spiele nicht mitspielen, er würde damit Freunde verlieren, und, und, und…
Wütend drosch er sein Kopfkissen gegen die Wand, dann riss er die Tür zum Treppenhaus auf. Seine Mutter konnte ihn doch nicht wie ein kleines Kind behandeln! Er donnerte die Treppe hinunter und stellte seine Mutter in der Küche zur Rede: „Gib mir den Zugangscode!"
„Oder was?"
Er nahm einen Teller und drosch ihn auf den Boden: „Gib mir den Zugangscode!"

Die Augen seiner Mutter wurden groß. So etwas hatte sie noch nie erlebt. „Oder was?“, funkelte sie zurück.
Er nahm den nächsten Teller und drosch ihn ebenfalls auf den Boden. Die Scherben flogen durch die ganze Küche und seine Mutter trat erschrocken einen Schritt zurück. „Sag mal, spinnst du?“
„Gib mir den Zugangscode!“, brüllte Felix aufgebracht.
„Nein!“, schrie seine Mutter zurück. „Du bist ja völlig durcheinander! Merkst du nicht, wie dich das X-Box spielen aggressiv macht? Es schadet dir!“
„Gib mir den Zugangscode!“, drohte Felix und schlug mit der Faust gegen den Kühlschrank. Eine Delle entstand und seine Mutter wich einen weiteren Schritt zurück. „Ich gebe dir gar nichts!“, erklärte sie mit fester Stimme, nur einige Schweißtropfen auf ihrer Stirn verrieten, dass sie sich weit mehr aufregte, als sie zugeben wollte.
„Du hast mir gar nichts zu verbieten!“, zischte Felix aufgebracht. „Ich bin doch kein kleines Kind mehr! Gib mir den Code!“ Er schäumte vor Wut und machte einen drohenden Schritt auf seine Mutter zu. Seine Mutter reagierte instinktiv und schubste ihn mit beachtlicher Kraft weg. „Raus! Raus aus meinem Haus!“
Ohne zu denken, schubste er sie zurück, wollte es gar nicht, aber ihre Reaktion kam so spontan, dass er in seiner Wut nicht mehr anders handeln konnte.
Sie flog gegen die Arbeitsplatte, knallte mit ihrem Kopf gegen einen Küchenschrank, dann sank sie lautlos zusammen, fiel kraftlos auf den Küchenboden.
Felix bekam einen solchen Schreck, dass seine Wut im Nu verrauchte. Noch nie hatte er seine Mutter so hilflos gesehen!
Noch nie war er auf seine Mutter losgegangen! Er hatte sie doch lieb! Wie konnte er sich nur so gehen lassen! Wie konnte er so die Kontrolle über sich verlieren?

Fast panisch setzte er sich neben sie und fasste sie vorsichtig an der Wange: „Mama! Mama! Das wollte ich nicht!“
Seine Mutter rührte sich nicht. Immer noch standen diese verräterischen Schweißperlen auf ihrer Stirn und sie wirkte seltsam blass. Sollte er einen Arzt rufen? Aber wo? Sie waren doch erst hierher gezogen? Woher sollte er wissen, ob es hier einen Arzt gab? Oder den Notruf?
Hastig erhob er sich, suchte im Wohnzimmer nach dem Branchenbuch, das zum Glück in der Schublade unter dem Telefon lag und blätterte nach dem Eintrag eines Arztes.
Da! Ein Dorf weiter schien es eine Praxis zu geben. Er schielte kurz zu seiner Mutter, die immer noch bewegungslos am Boden lag, und tippte die Nummer. Die neutrale Stimme einer Sprechstundenhilfe erklang und er würgte ihren auswendig gelernten Text ab: „Ich brauche Hilfe! Meine Mutter ist ohnmächtig geworden! Ich wohne hier…!“
Die Frau redete beruhigend auf ihn ein und stellte ihn schließlich zu der Ärztin durch. Wieder erklärte er, was geschehen war und zu seiner Erleichterung willigte die Ärztin ein, sofort zu kommen.
Felix atmete auf vor Erleichterung und setzte sich wieder neben seine Mutter. Wieso wachte sie nicht auf? Er hatte sie doch nur ein bisschen geschubst!
Es dauerte tatsächlich nur wenige Minuten, aber ihm erschienen sie wie eine Ewigkeit, bis die Bremsen eines Autos vor seinem Haus zu hören waren. „Endlich!“, dachte er erleichtert.
Er öffnete die Tür und ließ eine Frau im weißen Kittel herein.
„Doktor Berenz!“, stellte sie sich vor. „Grüß dich!“
Felix führte sie in die Küche und fachmännisch setzte sich die Ärztin neben seine Mutter. Sie fühlte nach dem Puls, dann holte sie eine Spritze aus ihrem Koffer. „Es ist der Kreislauf!“, meinte sie ruhig. „Gleich wird sie wieder aufwachen! Weißt du, wie es passiert ist?“

Felix wurde rot vor Verlegenheit. „Wir hatten Streit! Meine Mutter hat das Internet gesperrt, weil sie glaubt, dass ich zu oft X-Box spiele!"
„Und? Spielst du zu oft X-Box?", lächelte die Ärztin.
Ihr Lächeln tat gut und mit einem Mal war Felix nicht mehr so wütend, sondern senkte nachdenklich den Kopf. „Ich glaub' schon!", meinte er ehrlich.
„Na, vielleicht hörst du dann ein bisschen auf deine Mutter?"
„Hmh!", brummte Felix zögernd, doch dann atmete er auf, als im Gesicht seiner Mutter langsam die Farbe zurückkehrte. Sie tatstete mit ihrer Hand gegen ihre Schläfe und schlug die Augen auf. „Was ist denn los?", murmelte sie orientierungslos.
„Ich bin Doktor Berenz!", stellte sich die Ärztin vor. „Sie hatten einen Kreislaufkollaps, aber zum Glück hat ihr Sohn mich erreicht! Vielleicht sollten wir besser einen Krankenwagen rufen und sie ins Krankenhaus bringen?"
Seine Mutter schüttelte energisch den Kopf und versuchte sich aufzusetzen: „Aber nein, es geht schon wieder! Es war ein bisschen viel in letzter Zeit und mein Sohn nervt mich kolossal!"
Die Ärztin lächelte verständnisvoll und schloss ihre Tasche: „Na ja, aber vielleicht kommen sie in den nächsten Tagen mal in meiner Praxis vorbei, um der Sache auf den Grund zu gehen! Haben sie das öfter?"
„Eigentlich nicht!", murmelte seine Mutter. „Ich habe mich nur so aufgeregt!"
„Ja, ja! Die leidige X-Box! Die Diskussion habe ich mit meinen Kindern auch!", zwinkerte die Ärztin vergnügt.
Felix konnte nicht anders. Schluchzend sank er neben seiner Mutter zu Boden und versteckte sein Gesicht in den Händen. „Mami, das wollte ich wirklich nicht! Ich spiele nie wieder diesen Mist! Glaub mir!"
„Wie wäre es, wenn du deiner Mutter hilfst, sich auf das Sofa zu

setzen und ihr ein Wasser bringst? Sie braucht jetzt viel Flüssigkeit und ein bisschen Ruhe!“, schlug die Ärztin vor.
Felix hatte irgendwie weiche Knie, als er seine Mutter stützte und zum Sofa führte. Außerdem drückte ihn das schlechte Gewissen. Er war handgreiflich geworden. Er wusste genau, dass seine Mutter ihm das nicht so schnell verzeihen würde. Warum musste sie auch so stur sein?
Er holte ein Glas Wasser und war ganz froh, dass die Ärztin noch im Zimmer blieb, um einige Personalien aufzunehmen. Hilfsbereit holte Felix den Geldbeutel seiner Mutter, in dem sich die Krankenkassenkarte befand. Alles war so normal, fast bürokratisch, als die Ärztin kurz einige Daten abklopfte. Alter, Krankheiten, Schwangerschaften.
Felix staunte nicht schlecht, denn zum ersten Mal hörte er dabei, dass seine Mutter nach ihm noch zwei Fehlgeburten gehabt hatte. Es war also nicht geplant gewesen, dass er ein Einzelkind war! Vielleicht war er doch nicht so unerwünscht gewesen, wie er immer gedacht hatte.
Als die Ärztin das Haus verlassen hatte, entstand ein unangenehmes Schweigen. Seine Mutter hockte mit gesenktem Kopf auf dem Sofa, die Beine angewinkelt, das Glas in beiden Händen. Sie drehte es unablässig im Kreis und versuchte damit, ihre Aufgewühltheit zu überspielen.
Er ließ sich ihr gegenüber in einen Sessel plumpsen und wartete auf die Standpauke.
Sie kam nicht, stattdessen stellte seine Mutter das Glas auf den Tisch und blickte ihn vorwurfsvoll an: „So etwas darf nie wieder passieren!“
Felix nickte betroffen, dann stiegen wieder die Tränen in ihm hoch. „Mami, das wollte ich wirklich nicht! Du hast geschubst und ich war so wütend, dass ich dich zurück gestoßen habe!“
„Ich frage mich, woher diese Wut in dir kommt!“

„Weil mich alle wie ein kleines Kind behandeln! Selbst du!"
„Wenn du dich wie ein kleines Kind benimmst, dann behandle ich dich auch so!", wiederholte seine Mutter stur. „Wenn du deinen Abschluss hast, dann können wir über gewisse Dinge verhandeln!"
„Du bist genauso autoritär wie dieser beschissene Direktor! Früher hast du nie so geredet!"
„Da bist du ja auch nicht vom Gymnasium geflogen!"
Felix fühlte wie sich der Widerstand in ihm regte: „Du redest immer die gleiche Kacke!"
Seine Mutter verzog amüsiert die Lippen und nahm einen tiefen Schluck aus dem Glas. „Mit deiner Fäkaliensprache kommst du auch nicht weiter!"
„Kacke, Scheiße, Mist!", provozierte Felix, doch dann musste auch er grinsen. Seiner Mutter ging es offensichtlich besser.
„Können wir nicht einen Deal machen?", fragte er hoffnungsvoll.
„Natürlich!", stimmte seine Mutter zu. „Ich bin ganz Ohr!"
„Früher hast du mir doch auch immer freie Fernseh- und Computerzeit gelassen! Wäre das nicht ein Kompromiss?"
„Klar! Sechs Stunden die Woche! Pro Tag eine Stunde Computer! Basta!"
„Eine Woche hat sieben Tage!", konterte Felix. „Und ich darf entscheiden, wann ich die Zeit nehme!"
„Okay!", willigte seine Mutter ein. „Sieben Stunden insgesamt! Und es ist mir egal, wenn du den ganzen Sonntag verballerst!"
„Klasse!", jubelte Felix erleichtert. „Heute Abend ist ein Clanspiel!" Er sah wie sich die Augen seiner Mutter unwillig zusammenkniffen, aber er grinste nur frech. „Deal ist Deal!"

Ein Fremder im Haus

Die nächsten Tage versuchte Felix sich mustergültig zu benehmen, denn er hoffte auf eine Lockerung der Internetstunden. Sein Clan setzte ihn unter Druck, beschwerte sich über seine mangelnde Teilnahme bei wichtigen Spielen. Außerdem verlor er viele Spiele, weil er die neuesten Tricks nicht kannte und nicht genügend üben konnte. Auf der Werteskala war er bereits beachtlich gesunken, was natürlich seinen Ruf enorm gefährdete. Wieder versuchte er tausende von Codes, um die Internetsperre zu umgehen, aber erfolglos.

Er wurde zunehmend aggressiver, spielte in der Schule den großen Macker, was ihm den nächsten Verweis einbrachte. „Ungebührliches Verhalten gegenüber dem Lehrkörper", hieß es in dem blöden Wisch, den seine Mutter unterschreiben musste.

Sie gab kommentarlos ihre Unterschrift, blickte ihn nur reichlich genervt an. „Ich habe lediglich verlangt, dass der blöde Direktor seine Fragen in der Ex endlich schriftlich stellt.", verteidigte sich Felix. „Du wirst sehen! Zum Schluss habe ich eine schlechte Note im Zeugnis, nur weil ich angeblich die Fragen nicht richtig beantwortet habe! Aber wie soll man das nachprüfen, wenn er die Fragen nur vorliest! Er macht das ja nicht zum ersten Mal!"

„Der Direktor wird schon wissen, was er tut! Ich frage mich, warum er immer nur dich auf dem Kieker hat?"

„Weil ich meine Meinung sage!"

„Dann halt eben deine Klappe! Du brauchst den Quali!", antwortete seine Mutter unwillig.

Sprachlos schaute Felix seine Mutter an, schüttelte dann wütend den Kopf: „Aber für irgendwelche Indianer den Mund aufreißen ist erlaubt?"

„Das ist politische Arbeit!", korrigierte ihn seine Mutter.

„Bei mir auch! Die haben in dieser Schule keine Ahnung von Demokratie!“
„Für Demokratie kannst du kämpfen, wenn du den Quali hast!“
„Was für ein Scheiß!“, fauchte Felix unwillig.
„Schluss jetzt!“, wechselte seine Mutter das Thema. „ Räum dein Zimmer auf, denn wir bekommen am Wochenende Besuch! Ich will nicht, dass das Haus ein Saustall ist!“
„So? Wer kommt denn? Papa?“, hoffte Felix.
„Ne! Ein Bekannter aus Amerika!“
„Ach so! Der Typ, der schon zum Oktoberfest da sein wollte?“
„Genau!“
„Warum kommt er erst jetzt?“
„Er ist Musiker und hatte noch einige Auftritte!“
„Ich dachte, dass er dir bei deinen Recherchen hilft?“
„Auch!“
Felix verdrückte sich in sein Zimmer und machte sich die Mühe ein wenig aufzuräumen. Ein Musiker! Das war mal was anderes! Vielleicht war der Typ ja interessant.

Am Samstagmorgen fuhr seine Mutter in aller Frühe zum Flughafen, während Felix die Reste des Frühstücks verschwinden ließ. Er machte sich noch die Mühe das Erdgeschoss zu saugen, dann verschwand er in seinem Zimmer und schaltete versuchsweise die X-Box an. Glück! Seine Mutter hatte vergessen das Internet zu sperren.
Überrascht stellte er fest, dass bereits zwei Freunde von ihm online waren, die ihn zu einem kleinen Spiel einluden.
Er ballerte sich durch die virtuelle Welt, vergaß Zeit und Raum, allen Ärger oder Frust, nur die Zahl seiner getöteten Feinde schien hier noch wichtig zu sein.
Irgendwann gegen Mittag hörte er schließlich das bekannte Motorengeräusch vom Auto seiner Mutter. Schweren Herzens ver-

abschiedete er sich von seinen Freunden und ging eher zögernd die Treppe herunter.
Seine Mutter präsentierte ihm strahlend einen dunkelhäutigen, schwarzhaarigen Fremden, der ihn mit dunklen Augen forschend musterte. Einen Kanaken! Seine Mutter brachte tatsächlich einen Kanaken in sein Haus! Was würden seine neuen Freunde dazu sagen!?
Er hörte die Stimme seiner Mutter nur von Ferne, während seine Gedanken durcheinander sausten. Was für eine Blamage!
„Das ist Ray!"
„Hi!", grüßte der Fremde, dann ließ er seine Hände in den Taschen seiner ausgebleichten Jeans verschwinden. Darüber trug er ein kariertes Cowboyhemd, irgendeinen Indianerschmuck um den Hals und seine Füße steckten in ausgetretenen Cowboystiefeln. Die pechschwarzen Haare waren fransig geschnitten und reichten bis zu den Schultern. Wahrscheinlich ein Indianer, aber jeder würde nur einen Kanaken in ihm sehen. Einen Ausländer aus der Türkei, Griechenland oder noch schlimmer Serbien! Serbien muss sterbien!
So würden seine Freunde ihn hänseln. Oder „Lässt du jetzt deine Mutter mit einem Ausländer bumsen?"
„Kannst du Ray bitte beim Ausladen helfen?", fragte seine Mutter fröhlich.
„Klar!", brummte Felix. „Wie lange bleibt er denn?"
„Keine Ahnung! Er will in Deutschland ein paar Konzerte geben! Mal sehen!"
Felix unterdrückte ein Stöhnen und öffnete die Kofferraumtür des Autos. Als erstes fiel ihm ein Gitarrenkoffer entgegen, dann schaute er entsetzt auf das Chaos der Tüten und Taschen. Das sah mehr nach einem Einzug als nach einer Konzerttournee aus! Wortlos drückte er dem Fremden die Gitarre in die Hand und griff nach den ersten Taschen.

„Be careful, there is my flute!“, warnte ihn der Indianer.
„Was?”, fragte Felix irritiert.
„Du sollst auf seine Flöte aufpassen!“, übersetzte seine Mutter etwas überrascht. „Ich dachte, dass du im Gymnasium Englisch gelernt hast!“
„Schon! Aber nicht so einen Dialekt!“
Gitarre und Flöte! Was für ein Weichei! Mit zusammengebissenen Zähnen trug Felix die Koffer und Taschen in den ersten Stock und stellte sie demonstrativ in das Gästezimmer. Am liebsten hätte er den Fremden in den Keller verbannt. Irgendetwas lief hier, das konnte er geradezu riechen!
Ray verzog keine Miene, sondern nickte nur höflich mit dem Kopf. „Thank you!“, murmelte er freundlich.
Seine Stimme war angenehm, tief und weich. Außerdem war er ziemlich groß, fast schlaksig, wirkte wie ein großes Kind, das sich verlaufen hatte.
„No problem!“, murmelte Felix, dann kratzte er doch einen englischen Satz zusammen. „Do you like Germany?“– gefällt dir Deutschland?
Der Indianer lachte leicht, wieder diese tiefe, sympathische Stimme, dann zuckte er mit den Schulten: „Bisher habe ich noch nicht so viel gesehen, nur eine große Stadt, von der ich noch nie etwas gehört habe – sie hieß „Ausfahrt“!
Felix kicherte hysterisch: „Ausfahrt bedeutet exit!“
„Oh, really?“
„Yeah!“, bestätigte Felix weltmännisch.
Der Indianer sprach ein klares, gut verständliches Englisch, nur manche Dinge formulierte er irgendwie komisch, als stünde er unter Drogen. So erzählte er von dem Verkehr auf der Autobahn, und wie sie von Hornissen überholt worden seien. „Weißt du“, erzählte er, „in Deutschland bewegen sich alle in einer anderen Geschwindigkeit, sie scheinen in einer ganz anderen Welt

zu leben als ich! Sie rennen immer so hektisch, wie im Breakdance!“ Er machte einige ruckartige Bewegungen, und Felix kicherte belustigt.
„Ja, auf der Autobahn geht es zu wie in Star Wars! Ständig hast du das Gefühl, dass hinter dir Darth Vader auftaucht und versucht dich abzuschießen! Die Macht ist stark in jenen da!“, imitierte er die tiefe Stimme des Bösewichts.
Ray lachte dunkel und hob die Arme: „Genau, und ich bin Luke Skywalker!“
„Ah, kennst du die Filme?“
Ray nickte bestätigend mit dem Kopf: „Aber sicher! Ich schaue mir lieber Science Fiction an! Cowboyfilme sind nichts für mich!“
„Kann ich verstehen...“, feixte Felix, „da seid ihr ja auch immer die Verlierer!“
Ray grinste breit und zeigte dabei zum ersten Mal seine blitzenden weißen Zähne. Es war eindeutig mehr eine Kampfansage als ein Lächeln! Dann wurde sein Gesichtsausdruck weich, als Felix Mutter auftauchte. „Hey Honey, I‘m hungry!“

Honey! Er hatte Honey gesagt! In Felix schrillten sämtliche Alarmglocken. Es bedeutete eindeutig Liebling oder so was Ähnliches, und genauso war es auch gemeint.
Seine Mutter errötete und warf ihm einen unsicheren Blick zu, dann versuchte sie ihre Verlegenheit zu überspielen. „Ich habe das Essen auf dem Tisch! Wer Hunger hat, kommt mit!“
„Wow! I‘m starving!“, lachte Ray, doch Felix hätte vor Wut am liebsten gekotzt. Also doch!
Ließ sich seine Mutter mit so einer Rothaut ein! Wusste sie denn nicht, was sie damit anrichtete? Hier, in diesem Kuhkaff? Jeder würde mit dem Finger auf sie zeigen, und damit auch auf ihn! Ausländerschlampe!

„Ich habe keinen Hunger!“, knurrte er heraus, dann verzog er sich in sein Zimmer und drosch die Tür zu. Zum ersten Mal folgte ihm seine Mutter nicht, um ihn zur Rede zu stellen. War ja klar! Ihr Liebhaber war ihr natürlich wichtiger!

Felix warf sich auf sein Bett und drückte sein Gesicht in das Kissen. Am liebsten hätte er sich erstickt. Wenn seine Freunde das herausbekamen, dann konnte er sich nirgends mehr blicken lassen! Jeder Tag in der Schule wäre für ihn ein Spießrutenlaufen! Sie hatten gerade noch akzeptiert, dass seine Eltern geschieden waren, und nun diese Blamage!
„Felix!“, kam die harmlose Stimme seiner Mutter von unten. „Willst du nicht doch etwas essen?“
Dumme Sau, dachte er wütend. Er würde keinen Bissen herunterbekommen.
Dann hatte er eine andere Idee. Warum sollte er sich nicht dazu setzen? Dieser Rothaut einfach kampflos den Platz überlassen? Nein, nicht mit ihm! Er hatte auch noch einige Dinge in petto, um einen unliebsamen Liebhaber seiner Mutter zu vergraulen! Bisher hatten die beiden offensichtlich ungestört miteinander turteln können, aber jetzt war er da!

Er stampfte betont laut die Treppe herunter und lümmelte sich gelangweilt an den Tisch, bereit, jede aufkommende Unterhaltung zwischen den beiden zu stören. Zu seiner Verwunderung war es verhältnismäßig still. Seine sonst so geschwätzige Mutter war ins Essen vertieft, lief mehrmals in die Küche, um Ray irgendetwas zu bringen, während Ray sich ebenfalls auf das Essen konzentrierte. Seine Beiträge beliefen sich darauf das Essen zu loben, mehr nicht.
Felix stocherte lustlos im Essen herum, popelte in der Nase, was von Ray jedoch vollständig ignoriert wurde.

Nach dem Essen stand Ray einfach auf und schnappte sich seine Gitarre, während Felix seiner Mutter beim Tischabräumen half. „Wieso hilft der nicht?“, fragte Felix unwillig. Immer hatte es zwischen seinen Eltern Diskussionen um die Hausarbeit gegeben.
„Er ist unser Gast! Außerdem ist er Indianer!“
Ach so! Als ob das alles erklärte!
Scheppernd landete das Besteck im Korb der Geschirrspülmaschine, dann wurde Felix energisch aus der Küche geschoben.
„Jetzt reicht es aber!“, fauchte sie.
Felix setzte sich zu Ray, wollte ihn auf keinen Fall mit seiner Mutter alleine lassen, und sah zu, wie dessen Finger virtuos über die Saiten glitten. Verflixt! Ray war richtig gut!
„Do you like music?“
„Hmh!”, brummte Felix nichtssagend.
“What‘s your favourite band?”, fragte ihn Ray nach seinen Lieblingsbands.
„Die toten Hosen und die Ärzte!“, antwortete Felix, wusste genau, dass Ray davon noch nie etwas gehört hatte.
„Never heard of!“, bestätigte Ray dessen Vermutung.
Ray spielte einige schnelle Riffs, dann begann er leise zu singen. Seine Stimme war klar, reichte von hoch bis tief und hätte locker Bon Jovi oder Xavier Naidoo Konkurrenz gemacht. Verdammter Mist! Wie sollte Felix so einen Widersacher wieder loswerden?
Seine Mutter kuschelte sich in den Sessel gegenüber, schloss verliebt die Augen und lauschte andächtig dem schönen Gesang.
Felix hatte genug! „Kann der auch Hard Rock?“, fragte er giftig, dann erhob er sich und verließ aufgewühlt das Haus.

Ein ziemlich kühler Wind wehte ihm um die Nase, aber er hatte keine Lust ins Haus zurückzukehren, um sich seine Jacke zu holen. Sollte er doch an Lungenentzündung sterben! Hah! Dann würde seine Mutter erkennen, was sie an ihm verloren hatte!

Zum ersten Mal hatte er Lust auf eine Zigarette. Ein paar kräftige Züge nehmen und dann die Kippe wütend in den Matsch werfen, wie im Film.
Er ging in Richtung Dorf, ohne wirklich ein Ziel zu haben und traf zufällig auf Siggi. Gemeinsam schlenderten sie zum Spielplatz, ihrem momentanen Treffpunkt, weil es sonst keinen Ort gab, an dem sich die Jugendlichen treffen konnten.
Die Badesaison war vorbei und im Bushäuschen wurden sie regelmäßig von den Anwohnern vertrieben.
Es war ungemütlich und eine kühle Brise strich um die Spielplatzgeräte. Einige Jugendliche hatten sich eingefunden, darunter auch Siggi und Görne. Sie hockten frierend auf einer Sitzbank, auf der sonst die Mütter auf ihre Kinder aufpassten. Irgendjemand machte den Vorschlag ein Feuer zu entfachen und enthusiastisch willigten alle ein.
Schnell wurden aus den Weidentipis einige Zweige gerissen und aus dem Mülleimer die letzte Zeitung herausgefischt. Bananenschalen und eine stinkende Windel fielen in den Kies, unbeachtet von den Jugendlichen. In einer windstillen Ecke des Sandkastens wurde ein Feuer entfacht und, damit es besser brannte, noch schnell ein paar Bohlen aus dem Kletterturm getreten. Sie fühlten sich stark, unbeobachtet von irgendwelchen Erwachsenen. Der Älteste fuhr mit seinem Fahrrad zum dorfeigenen Getränkehandel und kam mit einer Kiste Bier zurück.
Grölender Jubel schlug ihm entgegen und jeder schnappte sich eine Flasche Bier. Felix kippte die prickelnde Flüssigkeit hinunter, spürte die enthemmende Wirkung des Alkohols und holte sich eine weitere Flasche, um seinen Ärger hinunter zu spülen. Seine Freunde schlugen ihm wohlwollend auf die Schultern, rülpsten laut und warfen die erste leere Flasche gegen eine Kletterwand aus großen Felsen, sodass sie in tausend Scherben zerplatzte. Jubel brandete auf, dann flog die nächste Flasche gegen

die Felsen. Sie explodierte mit einem dumpfen Knall und die Splitter flogen in alle Richtungen davon, trafen fast die Jugendlichen, die im letzten Moment die Gesichter wegdrehten. Was für ein Spaß! Irgendwann torkelten sie sinnlos betrunken über den Platz, demolierten die Weidentipis und ließen die Flaschen an den Steinen des Lagerfeuers zerplatzen. Es war ja so schön!

Felix hatte keine Ahnung, wie er in der Nacht überhaupt nach Hause gekommen war, aber am Morgen erwachte er mit unglaublichen Kopfschmerzen. Die Kirchturmglocken riefen zur Sonntagsmesse, viel zu laut und viel zu lange. Wieso mussten sie auch in diesem Kuhdorf leben?

Ihm war hundeelend und so tapste er schwankend die Treppe hinunter. Er schaffte es gerade noch bis zur Toilette, dann musste er sich übergeben. Schweißgebadet hing er über der Toilette, schob mit einem Fuß die Badezimmertür zu, damit seine Mutter nichts hörte. Er hatte keine Lust schon wieder eine Standpauke zu hören. Er brauchte eine ganze Weile, ehe er in der Lage war aufzustehen.

Dann drehte er den Wasserhahn auf, hielt seinen Kopf darunter und wartete, dass das Hämmern in seinem Kopf verging. Es wurde tatsächlich besser, abgesehen davon, dass er einen Teich hätte trinken können. Er nahm einige Schlucke Leitungswasser, rubbelte seine Haare mit einem Handtuch trocken, dann verließ er das Bad wieder.

Am Gästezimmer verhielt er kurz, drückte voller Misstrauen die Klinke herunter und sah sich in seinem Verdacht bestätigt. Das Gästezimmer war leer!

Bereits in der ersten Nacht hatte diese Rothaut bei seiner Mutter geschlafen! Er bekam kaum Luft vor lauter Wut. Am liebsten wäre er in das Schlafzimmer gestürmt und hätte diesen Ray nieder geprügelt.

Mit düsteren Gedanken verzog er sich wieder in sein Zimmer und drehte den Fernseher an. Vielleicht waren ja Freunde online? Er hatte den dringenden Wunsch einige Feinde abzuballern. Wieder war das Internet gesperrt und frustriert warf Felix die Fernbedienung auf sein Bett.
Dann hatte er eine Idee. Er tippte „Ray“, hatte aber keinen Erfolg. Das Wort war zu kurz. Für was stand Ray? Vielleicht Raymond? Der Internetzugang war frei und wieder hätte Felix fast gekotzt. Seine Mutter benutzte den Namen ihres Lovers als Code! Noch schlimmer ging es nicht! Felix war gestorben, aus und vorbei! Ein Niemand!

Ein Stockwerk tiefer schlug die Badezimmer, und Felix hörte, wie sich jemand im Bad übergab. Geschieht dir recht, du Schlampe, dachte er zynisch. Solltest halt nicht so viel saufen!
Er empfand kein Mitleid, sondern nur die Befriedigung, dass es seiner Mutter ebenso schlecht ging. Wahrscheinlich hatten die beiden ebenfalls zu viel Bier gesoffen! Ganz romantisch, am Lagerfeuer! Schade, dass Ray nicht an einer Überdosis gestorben war. Nahmen nicht alle Musiker Heroin oder so was? Vielleicht wurde er das Problem auf diese Weise los.
Einige Stunden später saßen sie alle beim Frühstück zusammen, schweigend, jeder mit seinem Essen beschäftigt. Seine Mutter sah wieder gut aus, schien geradezu glücklich zu sein. Ray schlürfte den heißen Kaffee und tunkte vergnügt ein Croissant hinein. „This is good!“, bemerkte er zufrieden.
„Und!“, forderte ihn Felix heraus. „Hast du meine Mutter gefickt?“
„I‘m fucking no-one!“, bemerkte Ray vollkommen ruhig. „But you owe your mother some respect!
„Wer redet hier von Respekt!”, fauchte Felix wütend. Dann sprang er auf und rannte die Treppen hoch.

„Felix!“, schrie seine Mutter hinter ihm her. „Komm sofort hier runter und entschuldige dich!“
„Du kannst mich mal!“, brüllte er zurück. Dann schlug die Tür zu und ein kleiner Riss entstand im Putz. Geschieht ihr recht, dachte er hämisch. Soll sie doch dieses Versehen dem Vermieter erklären!
Wieder unterließ es seine Mutter nach oben zu kommen und er fühlte sich verlassen. Er hatte sie verloren! Er hatte sie an diesen dreckigen Indianer verloren!

Am späten Nachmittag näherte sich die nächste Katastrophe in Form von drei Müttern, die plötzlich vor der Haustür standen und mehrmals Sturm läuteten.
„Felix!“, brüllte seine Mutter durch das Haus. „Komm sofort hierher!“
Felix trottete herbei, seine Hände lässig in den Hosentaschen versteckt. „Was ist los?“
„Warst du gestern auf dem Spielplatz?“
„Nö!“, log er ohne mit der Wimper zu zucken. „Ich wusste noch nicht einmal, dass es in diesem Kaff einen Spielplatz gibt!“
Eine der Damen schnaubte empört: „Der Siggi hat aber zugegeben, dass du mit dabei warst!“
Diese Petze!
„So?“, fragte Felix provozierend. „Und was ist, wenn…?“
Ziemlich arrogant blickte ihn die Dame in die Augen: „Wir sind hier eine Gemeinschaft, und du bist nun ein Teil dieser Gemeinschaft! Den Spielplatz mit Glasscherben zu verwüsten ist so ziemlich das Letzte! Stell dir vor, was los ist, wenn sich ein Kind daran schneidet! Wenn ihr dort unten Party macht, dann müsst ihr eben am nächsten Tag aufräumen!“
„Und?“, zuckte Felix die Schultern. Sollte er jetzt etwa Glasscherben aufsammeln?

„Du kommst jetzt mit und räumst auf! Außerdem setzt ihr gefälligst neue Weiden für die Tipis! Nimm bitte einen Spaten mit!"
„Was?" Felix blieb buchstäblich die Spucke weg. Er würde ganz sicher nicht auf einem Spielplatz herumbuddeln!
„Nimm einen Spaten mit oder hast du keinen?"
„Doch, doch!", mischte sich seine Mutter ein. „In der Garage! Selbstverständlich geht Felix mit und hilft beim Aufräumen!"
„Mama!", beschwerte sich Felix aufgebracht. „Das geht dich doch gar nichts an!"
„Natürlich geht es mich etwas an! Glaubst du, dass ich es toll finde, wenn mein Sohn den Spielplatz verwüstet?"
„Ich habe ihn nicht verwüstet! Wir haben bloß ein kleines Feuer gemacht!"
„Im Sandkasten?"
„Macht doch nichts!", beharrte Felix stur.
„Es macht eben doch etwas! Also geh aufräumen!", befahl seine Mutter im unmissverständlichen Ton.
Missmutig holte Felix einen Spaten aus der Garage und folgte den drei Frauen in Richtung Spielplatz. Sie unterhielten sich lauthals über die respektlose Jugend, schimpften über schlechte Erziehung und fehlende Moral. Mann! Wo war er hier hingekommen?

Seine Freunde waren bereits mit Tüten bewaffnet auf dem Spielplatz unterwegs. Er ließ seinen Blick über das Gelände schweifen und grinste frech. Sie hatten doch etwas mehr Schaden angerichtet, als er in Erinnerung hatte. Wo war all das Klopapier hergekommen, das kunstvoll um die Büsche und Bäume gewickelt war?
Siggi kam ihm mit seinem Hundeblick entgegen und zuckte schuldbewusst mit den Schultern. „War wohl ein bisschen heftig, was?"

„Mei!", meinte er gedehnt. „Wenn es keinen Platz für uns gibt, dann gehen wir halt auf den Spielplatz!"
Er setzte sich mit einer Mülltüte neben den Kletterfelsen und pulte unter den wachsamen Augen einer Mutter die Glassplitter aus dem Gras. Nach einer guten Stunde war der Spielplatz gereinigt, inklusive des Sandkastens, aus dem sie Eimerweise Dreck und Sand abtragen mussten.
So viel Aufwand für diese kleinen Mistmaden, dachte er abfällig. Aber dann mussten sie noch das Weidentipi aufbauen, sogar einige neue Stämme setzen, und so langsam nervte ihn die ganze Aktion. Die Weiden zu biegen und einzuflechten war anstrengend, außerdem taten die Hände weh.
Mit deutlicher Schadenfreude standen die drei Mütter daneben und gaben gute Ratschläge: „Ja, ja, jetzt seht ihr mal wie viel Arbeit das ist! Wenn ihr mal eigene Kinder habt…". Und so weiter! Halt der übliche Quatsch, wenn Erwachsene meinten mit Jugendlichen sprechen zu müssen.

Am Abend trafen sie sich daher prompt wieder auf dem Spielplatz, tranken ihr Bier und stellten die Flaschen brav in den Kasten zurück. Wegen dem Pfand, wie Siggi wenig glaubhaft behauptete. Die Stimmung heizte sich auf, vor allem gegen die Damen, die sie zu dieser wenig heroischen Aktion gezwungen hatten. Irgendwann war dann der Alkoholgehalt im Blut so hoch, dass über drastische Bestrafungen nachgedacht wurde. Kichernd und lachend standen sie schließlich auf, suchten die Häuser der drei Damen auf und pinkelten gegen die Kellerfenster. Damit ihnen der Urin nicht ausging, mussten sie natürlich noch mehr Bier trinken. Einer schlug vor, dass man in den nächsten Tagen Hundekot aufsammeln sollte, um es den blödern Weibern vor die Haustür zu legen. „Das sehen die doch sofort, wenn sie die Tür öffnen!", wehrte Felix den Vorschlag ab.

„Aber nicht, wenn wir darüber eine Zeitung legen und in Brand stecken!“, belehrte ihn Siggi.
„Stell dir vor, was passiert, wenn wir klingeln und die sehen das Feuer vor der Tür!“ Ausgelassenes Gekicher erklang und alle schienen den Vorschlag für gut zu befinden.
„Und wer sammelt den Hundekot auf?“, wandte Felix ein.
„Ich habe einen ganzen Stall voll Kuhscheiße! Das wird ja wohl reichen!“, lachte Siggi.
„Du Depp! Das führt die Weiber ja sofort zu dir! Wie viele Bauern gibt es hier noch?“
„Nur uns!“, antwortete Siggi kleinlaut.
Siggi wurde gutmütig hin und hergeschubst, dann trollten sich die Jugendlichen nach Hause. Es war weit nach Mitternacht und am nächsten Tag sollten alle eigentlich wieder fit und munter in der Schule sitzen. Aber Schule empfanden alle ohnehin nur als überflüssiges Übel.

Kriegsponys und Polizisten

Felix nutzte die Vormittage in der Schule eigentlich nur noch, um mit Eva zusammen zu sein. Dem Unterricht folgte er unaufmerksam und Hauswirtschaft schwänzte er inzwischen grundsätzlich. Noch schöpfte die Lehrerin keinen Verdacht, äußerte sich nur beunruhigt, wie er die Prüfung schaffen sollte.

„Ich kann doch nichts dafür, wenn ich krank bin!“, meinte Felix mit treuherzigem Augenaufschlag. „Ich versuche doch wenigstens den Vormittag zu überstehen! Aber mittags bin ich einfach zu kaputt!“

Seine Mutter füllte die Entschuldigungen und Unterrichtsbefreiungen aus, obwohl sie reichlich genervt seufzte. „Was ist denn mit dir los?!“

„Nichts!“, beteuerte Felix. „Ich bin einfach krank!“

„Dann zieh dich wärmer an! Wenn ständig deine Nieren bloß liegen, musst du dich nicht wundern, wenn du krank wirst!“

Natürlich hatte seine Mutter Recht, aber es gehörte eben zu seinem Outfit, dass er eine kurze Bomberjacke trug, die normalerweise bis zum Gürtel ging. Seine Hose hing dagegen weit über seinen Hintern hinunter und das ließ den Mittelbereich seines Körpers der Kälte ausgesetzt.

Überhaupt! Sollte sich seine Mutter doch um ihre eigenen Angelegenheiten kümmern! Er ging ihr ganz bewusst aus dem Weg, hörte nur manchmal, wie der ungebetene Gast auf seiner Gitarre klimperte.

Manchmal begegnete ihm Ray, wenn Felix um halb sieben das Haus verließ, um zum Schulbus zu gehen. Er wunderte sich, was der Indianer so früh morgens eigentlich machte, aber bisher hatte er keine Lust gehabt ihn zu fragen.

Auf dem Schulhof schimpfte er offen über den „Kanaken", den seine Mutter sich angelacht hatte. Die anderen bemitleideten ihn und schmiedeten Pläne, wie man das „Problem" am besten lösen konnte. „Eine richtige Abreibung, damit der kapiert, dass er sich nicht mit einer deutschen Frau einzulassen hat!"
„Mensch! Wieso redest du nicht Klartext und hältst dein Haus sauber?", kam der deutliche Vorwurf seiner Freunde.
„Meine Mutter dürfte sich so was nicht erlauben!", meinte ein weiterer Schulfreund reichlich großspurig.
Niemand fragte, woher der Fremde eigentlich kam, was er machte oder wollte sonst irgendwelche Informationen. Er war einfach der „Kanak", ein Fremder, den man hier nicht wollte.

Felix nahm sich die Kritik zu Herzen und beschloss, es Ray schwerer zu machen. Fortan provozierte er den Indianer bei jeder Gelegenheit, schwang ein imaginäres Lasso oder imitierte das Huhuhu eines Kriegsgeschreis, um ihn zu ärgern.
Ray dagegen riss nur erstaunt die Augen auf und ignorierte sein Verhalten ansonsten. Jede Diskussion verlief im Sande, weil Ray sich einfach nicht provozieren ließ. Ganz im Gegenteil, es schien ihn eher zu amüsieren.
Nur seine Mutter fand das Ganze weniger lustig. „Was hast du eigentlich gegen Ray?", fragte sie traurig.
„Gar nichts! Er gehört einfach nicht hierher!"
„Er gehört zu mir!", betonte seine Mutter.
„Na schön! Aber du kannst nicht von mir verlangen, dass ich ihn mag!", konterte Felix.
Seine Mutter schluckte schwer, dann wurden ihre Lippen schmal: „Ich möchte, dass es eine Zukunft für uns alle gibt!"
„Mit dem Deppen? Nicht mit mir!"
Seine Mutter stand einfach nur da und weinte. Felix war völlig schockiert.

Selbst als sie von seinen Vater verlassen wurden, hatte seine Mutter nicht geweint. Doch jetzt schossen wahre Tränen aus ihren Augen, wie ein Wasserfall, während sie mit hängenden Armen dastand und ihn traurig ansah. „Ich will doch nur eine richtige Familie!“, schluchzte sie.
Eine Familie? Felix biss sich auf die Lippen vor Wut! Er wollte seinen richtigen Vater zurück, aber keine neue Familie!

Ray kam in die Küche und trat mit einem schnellen Schritt zu seiner Mutter. „What‘s up?“, fragte er erschrocken.
„Ach, ich habe Streit mit meinem Sohn!“
Von der nächsten Aktion wurde Felix völlig überrascht.
Ray packte ihn am Pullover, drückte ihn mit aller Kraft gegen den Kühlschrank und blitzte ihn drohend an: „Dieser Streit endet genau hier! Verstanden! Du kannst deine Kämpfe mit mir austragen, aber nicht mit deiner Mutter! Ist das klar?“
Felix versuchte sich wegzudrücken, schaffte es aber nicht, sich aus dem festen Griff zu befreien. Wut stieg in ihm hoch, kalte, geballte Wut! Am liebsten wäre er diesem Kerl an die Gurgel gegangen.
„Ray!“, hörte er die mahnende Stimme seiner Mutter. „Lass ihn los!“
Zu Felix Erstaunen gehorchte Ray sofort und ließ von ihm ab. „Sorry, ich musste das mal klarstellen!“, meinte er ruhig. Immer noch blitzten die dunklen Augen, und Felix hatte eine vage Ahnung, dass Ray nicht nur Gitarre spielen konnte.
„Oder was?“, provozierte er den Indianer, wollte einfach nicht klein beigeben.
Ray zeigte auf eine imaginäre Linie auf den Boden: „Bis hierher und nicht weiter!“
Sofort trat Felix einen Schritt näher und blickte ihn herausfordernd in die Augen: „Oder was?“

Rays Augen zogen sich zusammen, dann drehte er sich einfach um und verließ die Küche.
Felix schnaubte verächtlich und wandte sich an seine Mutter: „Was willst du von dem Idioten eigentlich?“
„Felix! Gib ihm doch eine Chance! Du kennst ihn doch gar nicht!“
„Ich will ihn auch gar nicht kennen lernen! Er soll endlich verschwinden!“
Seine Mutter wischte sich über ihr Gesicht und schüttelte den Kopf: „Felix, du klingst, als wärst du eifersüchtig! Irgendwann möchte auch ich wieder einen Partner haben! Verstehst du das nicht?“
„Doch, aber warum ausgerechnet den? Diesen Habenichts, der nur auf deine Kosten hier lebt!“
„Weil ich ihn liebe und dich das überhaupt nichts angeht! Basta!“
Felix zuckte bockig die Schultern: „Na schön, aber erwarte nicht, dass ich begeistert bin!“
„Ich erwarte, dass du ihn in Ruhe lässt!“
Felix öffnete die Kühlschranktür und nahm eine Flasche Milch heraus. Er trank einen tiefen Schluck, fühlte sich wie James Dean, der im Film auch direkt aus der Flasche getrunken hatte. Seine Mutter riss ihm die Flasche aus der Hand und stellte sie auf die Küchentheke: „Nimm ein Glas!“
Wortlos drehte sich Felix um und verließ die Küche. Im Wohnzimmer hörte er die Gitarre von Ray, und er konnte es nicht lassen, ihn ein weiteres Mal zu provozieren: „Ich dachte, du wolltest in Deutschland Konzerte geben!“
Das Gitarrespiel blieb unverändert, als hätte der Indianer die Worte überhaupt nicht gehört.
Na warte, dachte er wütend, am Morgen erwische ich dich schon!

Am Nachmittag radelte Felix etwas widerwillig zum Kindergarten des Dorfes. Er brauchte einen Praktikumsplatz und im Grunde hatte er keine Lust, sich die Hände schmutzig zu machen. Während seine Freunde in Schreinereien, beim Frisör, auf dem Bau oder sonst wo ihre Praktikumsplätze suchten, wollte er lieber im Kindergarten helfen. Da brauchte er in der Früh nur mit dem Fahrrad hinzufahren und konnte mindestens eine Stunde länger schlafen!
Die Mädchen in seiner Klasse fanden es „süß“, und er sonnte sich in dem Gefühl ein sozialer Mensch zu sein.

Die Kindergartenleitung war sehr nett, nahm ihn gleich mit offenen Armen auf und stellte ihn den Kindern vor. Ehe er sich versah saßen mehrere Mädchen auf seinem Schoß, buhlten um seine Aufmerksamkeit und wollten mit ihm spielen. „Hey, hey! Ich komme doch erst in einer Woche! Dann spiele ich mit euch!“, versuchte er die kleinen Plagegeister loszuwerden.
Ihn wunderte die Zutraulichkeit der Kinder, und wie keck fünfjährige Mädchen bereits ihre Hüften schwingen konnten! Richtige kleine Damen!
Aber er hatte sowieso nichts vor und so blieb er noch eine Weile bei den Kindern und las ihnen ein Märchen vor. Er vollbrachte dabei das Kunststück fünf Kinder gleichzeitig auf seinen Knien sitzen zu lassen und die Leitung des Kindergartens war sichtlich beeindruckt: „Du kannst gut mit Kindern umgehen!“
Felix entspannte sich und grinste: „Ja, wusste ich gar nicht! Aber jetzt freu ich mich schon, wenn ich nächste Woche komme!“
Endlich mal etwas, bei dem er gut sein konnte!

Er spürte den etwas forschen Blick, der an seiner Hose hängen blieb und beschloss zumindest im Kindergarten einen Gürtel zu tragen. Von wegen Vorbild und so. Außerdem befürchtete er,

dass die Kinder ihm die Hose gänzlich vom Leibe zogen, wenn sie sich an ihn klammerten.
Und plötzlich taten ihm die Glassplitter leid, die er auf dem Spielplatz hinterlassen hatte. Wenn er nur daran dachte, dass sich eins dieser kleinen süßen Mädchen vielleicht verletzt hätte! Es waren jetzt keine Mistmaden mehr, sondern Kinder, die er kannte.

Den Abend verbrachte er im Internet. Irgendwie hatte seine Mutter so viel zu tun, dass sie die Internetzeiten vollkommen vergessen hatte. Meistens war er sich selbst überlassen, auch das Diktate üben hatte aufgehört. So, als wäre er einfach nicht mehr wichtig in diesem Haus.
Er zockte mit seinem Clan, schaltete die X-Box erst weit nach Mitternacht ab und verschwendete keinen Gedanken daran, dass er seine Hausaufgaben nicht gemacht hatte. Regelmäßig schrieb er sie von irgendeinem Mädchen im Bus oder kurz vor der Schule ab. Er hatte eine eigene Sekretärin, die für ihn alle Schreibarbeiten erledigte.
Auch im Unterricht erlaubte er sich die eine oder andere Extravaganz. Vor seinem Kunstlehrer hatte er so wenig Respekt, dass er während des Unterrichts zum Bäcker ging und dann demonstrativ die Tüte auf seinen Tisch legte.
Natürlich bewunderten ihn die Kinder, staunten über die Frechheit, die er an den Tag legte. Der Kunstlehrer ignorierte sein Verhalten, also weitete Felix seine Streifzüge aus, ging regelmäßig in den Supermarkt oder zum Kiosk am Bahnhof.
Kunst war seine „freie“ Zeit.
Der Lehrer ermahnte ihn freundlich seine Zeichnungen fertig zustellen, weil er sie sonst mit sechs bewerten müsste.
Felix ärgerte sich darüber, denn früher hatte er Kunst immer gern gehabt. Wortlos nahm er seine Zeichenmappe mit nach

Hause und setzte sich über das Wochenende hin, um die Arbeiten zu beenden.
Außerdem war es eine gute Ausrede, um nicht an den dämlichen Ausflügen teilnehmen zu müssen, die seine Mutter ständig mit Ray unternahm. Er hatte keine Lust, der Rothaut Schloss Neuschwanstein zu zeigen oder auf dem Ammersee Schiff zu fahren. „Ich muss Hausaufgaben machen!“, weigerte er sich trotzig.
„Komm doch mit! Es ist lustig! Ray hat so was noch nie gesehen!“
„Ich habe keine Lust Entwicklungshelfer zu spielen!“, wehrte er pampig ab.
„Ach du!“, schimpfte seine Mutter und knallte seine Zimmertür ins Schloss. Der Riss im Putz vergrößerte sich und Felix konnte sich ein schadenfrohes Grinsen nicht verkneifen. „Dieses Mal rufst du aber den Vermieter an!“, brüllte er seiner Mutter hinterher.
„Mach deine Hausaufgaben!“, schallte es zurück. „Heute Abend üben wir wieder ein Diktat!“
„Ja, ja!“, brummte er genervt.
Heute Abend würde gar nichts geschehen, denn da wäre sie mit ihrem Ray beschäftigt.

Am Montagmorgen traf er Ray, als er gerade das Haus verlassen wollte. Wie üblich ließ der Indianer die Haustür offen, damit er später nicht klingeln musste.
„Hey, irgendwann tragen sie uns die Möbel raus, wenn du immer das Haus offen lässt!“, beschwerte sich Felix.
Ray atmete tief ein, dann lächelte er freundlich. „Wenn sie euch die Möbel heraustragen, dann kannst du dich beschweren!“, betonte er zynisch.
„Ach, und dann kaufst du neue?“
„Vielleicht!“, erklärte Ray ruhig.

„Wohin gehst du eigentlich jeden Morgen? Hast du eine Verabredung mit deinem Dealer?“
Ray zuckte mit keiner Wimper, sondern legte nur leicht den Kopf schief: „Vielleicht!“ Dann drehte er sich um und ging wortlos den Feldweg zum Wald hinunter.

Wütend stieg Felix auf sein Fahrrad und radelte zum Kindergarten. Wieso ließ sich der Kerl nicht provozieren? Wie sollte man seine Kämpfe austragen, wenn der andere stets auswich?
Schnell lenkten ihn die kleinen Kinder von seinen düsteren Gedanken ab. Manchmal konnte er sich kaum rühren, so klammerten sie sich an ihn heran. Er las stundenlang Märchen vor, spielte Mensch-ärgere-dich-nicht und saß mit den Buben in der Bauecke.
Am Nachmittag kehrte er todmüde nach Hause zurück und warf sich auf sein Bett. Schlafen! Er wollte nur noch schlafen! Diese Monster raubten ihm alle Kraft. Wie er zwei Wochen mit diesen Blutsaugern überstehen sollte, war ihm schleierhaft.

Im Haus war es still, obwohl das Auto seiner Mutter in der Garage stand. Wahrscheinlich vögelten die beiden jetzt schon tagsüber, dachte er abfällig.
Er döste ein bisschen, doch dann ging er zum Duschen. Am Abend wollte er sich noch mit Eva treffen und er musste seine Mutter noch überreden, dass sie ihn die paar Kilometer fuhr. Zum Fahrradfahren wurde es langsam zu kalt.
Das Duschen erfrischte ihn und verbrachte mindestens eine halbe Stunde vor dem Spiegel, um sein Haar in die richtige Form zu bringen. Schließlich galoppierte er die letzte Treppe ins Erdgeschoss hinunter und suchte seine Mutter. Sie lag blass auf dem Sofa, sichtlich mitgenommen und Ray brachte ihr gerade ein Glas Mineralwasser.

„Deiner Mutter geht es nicht so gut!“, meinte er ernst. Felix hatte sich inzwischen so an sein Englisch gewöhnt, dass er keine Schwierigkeiten mehr hatte ihn zu verstehen.
„Das sehe ich!“, meinte er gereizt. „Dann kannst du mich wohl nicht zu meiner Freundin fahren?“, folgerte er enttäuscht.
„Nein!“, antwortete seine Mutter kurz angebunden.
„Ich könnte ihn doch fahren!“, bot sich Ray an.
„Hier in Deutschland? Du bist noch nie gefahren!“
„Irgendwann ist immer das erste Mal!“, grinste Ray. „Im Ernst! Ich kann Auto fahren und bis zum nächsten Dorf schaffe ich es bestimmt!“
„Wenn du meinst!“, stimmte Felix Mutter zu, aber es klang eher, als wäre sie zu schwach irgendwelche Einwände zu erheben.
„Wann soll ich dich fahren?“, fragte Ray.
Am liebsten hätte Felix abgelehnt, aber er wollte Eva nicht enttäuschen. Es gab noch mehr Jungen, die ein Auge auf Eva geworfen hatten, und denen wollte er keine Munition in die Hand geben, indem er ein Date absagte.

„Gleich!“, murmelte er wenig begeistert. Wahrscheinlich würde der Indianer in Schrittgeschwindigkeit über die Lande tuckern. „Aber du musst mich auch wieder abholen!“
„Ich muss gar nichts!“, verbesserte ihn Ray. „Aber vielleicht möchte ich!“
Felix blieb still, hatte keine Lust, sich vor diesem arroganten Indianer zu verbessern oder gar zu betteln. Entweder Ray fuhr ihn die drei Dörfer weiter oder er ließ es bleiben.
„Könnt ihr bitte aufhören zu streiten!“, flüsterte seine Mutter.
„Wir streiten doch gar nicht!“, lächelte Ray. „Wir verhandeln nur über gewisse Bedingungen!“
„Dann verhandelt woanders!“
Felix brauste auf, fühlte wieder diesen Zorn in sich drin.

„Vergiss es einfach! Ich will nirgends mehr hin!“, fauchte er ungehalten.
„Schatz! Ray fährt dich doch!“, versuchte seine Mutter ihn zu beruhigen.
Ach, auf einmal war er wieder Schatz? Für wie blöd hielten sie ihn eigentlich? Lieber fuhr er mit seinem Fahrrad und holte sich eine anständige Lungenentzündung. Das hatte sie dann davon!
„Was fehlt dir eigentlich?“, fragte er unwirsch.
„Ach, der Kreislauf!“, wich seine Mutter aus. Sie hatte schon öfter Kreislaufprobleme gehabt, besonders, wenn sie ihre „Tage“ hatte.
„Jetzt hör auf zu schmollen! Ray fährt dich zu deiner Freundin und dann habt ihr einen schönen Abend zusammen! Was hältst du davon?“
„Okay! Und wann holt er mich wieder ab?“
„So gegen elf! Ist das in Ordnung? Vielleicht geht es mir bis dahin wieder besser und ich hole dich selbst!“
Felix nickte gnädig mit seinen Kopf, dann ging er zum Auto und hockte sich neben Ray. „Hast du überhaupt einen Führerschein?“, fragte er besorgt.
„Sicher!“, antwortete Ray knapp. Mit Vollgas fuhr er rückwärts aus der Garage, ließ das Auto mit quietschenden Reifen einmal drehen und raste dann die Dorfstraße entlang.
„Cool!“, bemerkte Felix nicht ohne Neid.

Schweigend fuhren sie über die Landstraße und mit einsilbigen Anweisungen dirigierte ihn Felix vor das Haus seiner Freundin. Rechts, links, Stopp! „Bis um elf!“, murmelte er und drosch die Beifahrertür zu.
Ray sauste mit quietschenden Rädern davon und insgeheim hoffte Felix, dass seine Mutter ihn abholen kam. Schon um das Auto zu schonen!

Eva freute sich riesig ihn zu sehen, kuschelte sich an ihn heran und begrüßte ihn mit einem scheuen Kuss. Nebenbei erfuhr er, dass ihre Eltern im Kino waren und so durchsuchten sie den Kühlschrank nach einem Bier.

Felix hatte schon öfter etwas getrunken und war den Alkohol gewöhnt, auf Eva hatte das Bier jedoch eine enthemmende Wirkung. Sie kicherte hysterisch, als seine Hand unter ihre Bluse tastete und den BH zur Seite schob. Sie küssten sich und streichelten sich gegenseitig, doch dann wurde Eva müde und drehte sich von ihm weg. Das Bier schläferte sie ein, und Felix war enttäuscht. Endlich mal sturmfrei und sein Mädchen wollte lieber schlafen! Er versuchte sie mit Küssen wach zu halten, doch sie döste mit offenem Mund vor sich hin.

Verunsichert blieb er neben ihr liegen, roch an ihrem Parfüm, das ihn an Seife erinnerte. Nach einer guten Stunde rührte sie sich etwas und blinzelte ihn verschlafen an. „Was machst du denn noch hier?“, fragte sie wenig romantisch.

„Ich werde gleich abgeholt!“, murmelte er verlegen.

Eva wickelte sich in ein Handtuch, wirkte nun sehr gehemmt und verlegen, als wäre ihr die ganze Situation peinlich. „Wird auch Zeit!“, meinte sie vorwurfsvoll. „Es ist spät!“

Draußen vor dem Haus waren die quietschenden Reifen eines Autos zu hören. Fast erleichtert deutete Felix auf die Haustür: „Der Lover von meiner Mutter ist da!“

„Oh! Wann sehen wir uns wieder?“

„Vielleicht am Wochenende! Mal sehen!“, murmelte Felix leise. Irgendwie war die ganze Situation komisch, als hätte er etwas falsch gemacht. Er verabschiedete sich mit einem flüchtigen Kuss, dann stieg er in das wartende Auto.

Ray saß am Steuer und grinste, als er Eva nur mit einem Handtuch bekleidet im Türrahmen stehen sah. „Hokahey!“, murmelte er bewundernd.

„Schau woanders hin!“, befahl Felix ungehalten, spielte den erfolgreichen Liebhaber, obwohl rein gar nichts passiert war. „Du hast bereits meine Mutter!“

„Yes, Sir!“, salutierte Ray, dann gab er wieder Vollgas.

Felix wurde in den Sitz gedrückt und zum ersten Mal fiel ihm wieder ein Lakotawort ein, dass er früher mal gelernt hatte: „Witko-ko!“, total verrückt.

„Musst du eigentlich so rasen?“, fragte er unwillig. Er wollte nachdenken, spüren, was gerade nicht so gut gelaufen war und sich nicht über diesen nervigen Indianer ärgern.

„Yeah!“, provozierte ihn Ray. „Das ist mein Kriegspony!“ Und mit Absicht fuhr er einige ruckartige Schlenker, die ihn auf die andere Straßenseite brachten.

„Sag mal, spinnst du? Das ist das Auto meiner Mutter! Also fahr es bitte nicht zu Schrott!“

Wie aus dem Nichts blinkten plötzlich hinter ihnen zwei Scheinwerfer, dann schaltete sich das Blaulicht der Polizei ein. Ray blickte in den Rückspiegel und stieß einen Fluch aus: „Fuck! The police!“

Felix drehte sich um und blinzelte, als das Licht ihn blendete. „Shit! Fahr rechts ran! Hast du deinen Führerschein dabei?“

„Ja!“, murmelte Ray, dann ließ er bereits das Fenster herunter.

Die Polizei trat neben das Auto und verlangte nach den Fahrzeugpapieren. „Excuse me?“, fragte Ray höflich, als er kein Wort verstand.

Felix übersetzte schnell, doch selbst dann ließ Ray die Hände auf dem Lenkrad. „Warum holst du nicht deine Papiere heraus?“, fragte Felix.

„Die werden mich erschießen, wenn ich einfach in meine Tasche fasse! Sie werden denken, dass ich nach meiner Waffe greife!“

Felix bekam einen Hustenanfall vor Lachen.

„Ray, wir sind hier in Deutschland! Da trägt niemand eine Waffe! Du kannst ihnen ruhig deinen Ausweis zeigen!"
„Ohan!", murmelte Ray und traute sich endlich die Hände vom Lenkrad zu nehmen. Vorsichtig holte er seine Brieftasche hervor und zeigte den Beamten seinen Ausweis und Führerschein. Einer der Beamten konnte ganz passabel Englisch und wandte sich an Ray: „Also Mister Two-Knives, können Sie mir erklären, warum sie auf der Straße Kurven fahren? Haben Sie etwas getrunken?"
„Nein, ich trinke nie!", erklärte Ray völlig ruhig. „Ich bin lediglich einem Reh ausgewichen!"
„Ach so! Und wieso fahren sie dann mehrere Kurven?"
„Rehe leben im Rudel! Wo eins ist, da sind auch andere!", erklärte Ray seelenruhig, und wie um seine Worte zu bestätigen, hüpfte tatsächlich ein Reh im Scheinwerferlicht der Autos über die Straße. „You see!", deutete Ray auf das flüchtende Wild.
„Na, da haben sie aber Glück gehabt!", lächelte der Polizist und gab Ray den Ausweis zurück. „Kann ich bitte den Fahrzeugschein sehen?", bat er höflich.
Etwas unsicher schielte Ray auf Felix und zuckte die Schultern, zum Zeichen, dass er keine Ahnung hatte, was der Polizist eigentlich wollte. „Faseuigschain?"
Felix öffnete das Handschuhfach und suchte nach dem Fahrzeugschein. „Ich glaube, Mama hat ihn hier versteckt!", erklärte er. Wieder sog Ray hörbar die Luft ein und warf einen unsicheren Blick auf die Polizei, als der Junge einfach so in dem Handschuhfach herumkramte.
„Hier ist keine Pistole!", beruhigte ihn Felix.
Manchmal konnte so ein Indianer doch ganz lustig sein.
Felix zog den Fahrzeugschein heraus, der in einer neuen, sauberen Hülle untergebracht war. Felix reichte ihn an Ray vorbei aus dem Fenster und gab ihn dem Polizisten. Der kontrollierte

die Einträge und lächelte freundlich: „Ah, Jennifer Two-Knives! Ist das deine Mutter?"

Felix war sprachlos!

Er war so sprachlos, dass die Zeit wie eine Ewigkeit verging, ohne dass er irgendetwas sagen konnte.

Wie im Traum bemerkte er, dass Ray sich tiefer in den Sitz gleiten ließ und sein Kopf traurig nach hinten fiel. „Ich wollte nicht, dass du es auf diese Weise erfährst!", meinte er leise.

„Wann denn dann!", zischte Felix wütend. „Ihr spielt mir die ganze Zeit eine Komödie vor! Ein Musiker, der hier Konzerte geben will! Was für eine Scheiße!"

„Entschuldigen Sie bitte?", mischte sich der Polizist wieder ein. „Ist das nicht Ihr Auto? Und wer ist der Junge?"

„Doch, doch!", versicherte Ray mit einer beruhigenden Handbewegung. „Wir haben im August geheiratet, aber wir haben es dem Jungen bisher noch nicht erzählt. Meine Frau wollte einen günstigen Zeitpunkt abwarten!"

„Einen günstigen Zeitpunkt?" Felix hätte am liebsten gekotzt. Seine Mutter heiratete einen dreckigen Indianer, hieß nun Two-Knives, noch affiger ging es ja gar nicht, und er wusste die ganze Zeit nichts davon!

Er ließ sich in seinen Sitz zurückfallen und schloss die Augen vor Entsetzen. Seine Mutter hatte wieder geheiratet! Einfach so! Ohne ihn zu fragen! Nicht einmal zur Hochzeit war er eingeladen worden!

Der Polizist merkte wohl, dass er gerade eine Familienkrise ausgelöst hatte und wiegelte die Formalitäten auf die Schnelle ab. „Alles in Ordnung! Tut mir leid, dass ich gestört habe! Gute Fahrt!"

„No problem!", verabschiedete sich Ray und steckte die Papiere wieder in seine Brieftasche. Dann ließ er das Fenster hoch und beschleunigte langsam, während die Polizei immer weiter zurückblieb und schließlich in der anderen Richtung davon schoss. Felix schaute in die dunkle Nacht hinaus und vermied es in die Richtung von Ray zu schauen. Stiefvater! Er hatte einen indianischen Stiefvater.

Noch vor fünf Jahren hätte er das vermutlich cool gefunden, aber jetzt war das der Nagel zu seinem Sarg. Was würden seine Freunde sagen? Rassenschande oder so was?

„Ihr hättet mir das sagen müssen!“, murmelte er.

„Ich weiß!“, stimmte Ray ihm zu. „Ich wollte es, aber deine Mutter war dagegen!“

„Indianer sagen immer die Wahrheit! Wie kannst du eine solche Lüge leben?“

Ray dachte darüber nach, dann meinte er ehrlich: „Ich habe nicht gelogen! Deine Mutter wollte nicht, dass ich mich einmische, also habe ich ihren Wunsch respektiert!“

„Toll, habt ihr noch mehr so Geheimnisse, von denen ich erst später erfahren sollte?“

Ray nickte mit dem Kopf und biss die Lippen zusammen, wusste genau, dass ihm diese Nachricht nicht gefallen würde: „Wir bekommen ein Baby!“

„Shit!“, fluchte Felix. So ein Nervtöter in seinem Haus? So ein kleiner Bastard? Hatte seine Mutter den Verstand verloren?

Was sollte er denn mit einem kleinen Bruder, der wie ein verdammter Indianer aussah? Two-Knives! Er konnte geradezu den Spott der anderen Kinder hören, wenn sie ihn ärgerten und fragten, wann er sie denn skalpieren würde.

Und dann stieg Wut in ihm hoch. Seine Mutter hatte es die ganze Zeit schon gewusst! Deshalb der Umzug, das große Haus und das zusätzliche Gästezimmer! Hah! Dass er nicht lachte! Sie hatte bereits das Kinderzimmer eingeplant! Da war sie gerade erst von ihren angeblichen Recherchen zurück! Alles nur Farce!

Dabei hatte sie bereits das Liebesnest für ihren Lover hergerichtet! Nein! Ehemann, verbesserte er sich im Stillen. Ray war ja ihr Ehemann. Dieser Habenichts!

„So schnell kann man doch gar nicht heiraten!“, flüsterte er voller Wut.

„Doch, in Los Angelas!“, erklärte Ray.

„Und wie lange kennt ihr euch schon?“

„Seit drei Jahren!“

Da war seine Mutter noch verheiratet gewesen! Hatte sie ihren Mann betrogen? „Habt ihr euch da auch schon gevögelt?“

Ray schwieg einen Moment, dann blitzte er ihn gereizt an: „Nein, erst seit dem letzten Jahr! Deine Mutter war sehr traurig, als dein Vater euch verließ!“

„Na, da hast du sie ja wunderbar getröstet!“, giftete Felix.

Ray schwieg eine Weile, dann parkte er das Auto in der Garage und schaltete den Motor aus. Im Haus brannte noch Licht und Felix hatte plötzlich Angst hinein zu gehen.

Das war nun nicht mehr sein Zuhause, sondern das Heim der Familie Two-Knives, zu der er nicht gehörte.

„Vielleicht ist es besser, wenn ich zu meinem Vater ziehe!“, murmelte er.

„Vielleicht! Du wirst deinen eigenen Weg finden müssen!“

Toll! Jetzt gab ihm dieser Indianer auch noch gute Ratschläge. Oder wollte er ihn loswerden? „Du hast es ja ganz schön eilig, mich loszuwerden!“, argwöhnte er.

Ray lachte leise und öffnete die Autotür: „Das wäre zu einfach! Und deine Mutter will dich nicht aufgeben! Also wirst du dich mit der Situation arrangieren müssen! Entweder mit uns oder mit deinem Vater! Das ist deine Entscheidung!“

Er schob Felix vor sich ins Haus und trat in die Wohnungstür. „Er weiß es!“, waren Rays einzige Worte.

Felix musterte seine Mutter, die immer noch auf der Couch

lag. Jetzt, wo er es wusste, sah er die Veränderungen, die die Schwangerschaft in ihr hervorrief. Ihr Gesicht war weicher, ihr Körper etwas rundlicher und sie wirkte zerbrechlicher. „Mama!“, sagte er vorwurfsvoll. „Du hättest es mir sagen müssen!“

Seine Mutter nickte mit schlechtem Gewissen den Kopf: „Ich weiß! Aber ich fand nie den rechten Augenblick!“

„Weiß es Papa schon?“

„Natürlich! Er hat ja sofort die Unterhaltszahlungen eingestellt!“

Felix schielte auf den Bauch seiner Mutter, in dem das Baby heranwuchs. „Mann, und das in deinem Alter!“, brummte er wenig begeistert.

„Was soll das heißen? In meinem Alter? Ich bin achtunddreißig!“

„Sag ich doch! Du bist schon bald ‘ne Oma! Und jetzt gründest du den Stamm der Killermesser, wie?“

„Felix!“, schimpfte seine Mutter. „Wie redest du denn?“

Felix stützte sich mit der Hand an der Wand ab und schob die Lippen vor: „Und wer hat mich gefragt! Hast du dir je überlegt, ob ich noch einen Bruder haben möchte? So einen kleinen Indianer? Wie soll der hier überhaupt aufwachsen? Die werden ihn höchstens als Kanakenkind beschimpfen!“

All die Ängste, die in ihm rumort hatten, brachen plötzlich aus ihm heraus.

„Felix!“, unterbrach ihn seine Mutter. „Freust du dich denn gar nicht?“ Enttäuschung schwang in ihrer Stimme mit und tiefe Traurigkeit.

„Nee!“, beharrte Felix , dann lief er aus dem Zimmer.

Dieses Mal war es nicht seine Mutter, die ihm hinterher stürzte, sondern Ray, der zum ersten Mal in sein Zimmer trat und sichtlich wütend war. Gleich würde er wahrscheinlich sein Messer ziehen und ihn skalpieren!

„Never, never talk like that to your mother again!“, warnte er

Felix. Rede nie wieder so mit deiner Mutter!
Felix starrte an die Decke und schob die Hände unter seinen Nacken. „Sonst was?“, fragte er herausfordernd.
Ray atmete tief durch und stemmte die Hände in die Hüften, als wollte er damit verhindern, dass er zuschlug.
„Sie ist meine Frau und sie bekommt mein Kind! Ich werde alles tun, um die beiden zu schützen! Das ist meine Aufgabe, als ihr Ehemann! Verstehst du das?“ Er sagte es ganz ruhig, fast traurig, hatte blitzschnell seine Beherrschung wieder gefunden.
„Ja, klar!“, meinte Felix locker, so, als wäre alles in Ordnung zwischen ihnen.
„Well!“, meinte Ray. „Dann kann ich ja wieder gehen!“
Ja, verpiss dich nur, dachte Felix wütend, erwiderte aber nichts.
Ray verließ das Zimmer, fast lautlos, ohne irgendwelche Drohungen oder sonstigen Verhaltensmaßregeln, wie sie von Erwachsenen üblich waren. Trotzdem blieb Felix aufgewühlt und frustriert zurück. So ein Mist, dachte er unentwegt. So ein verdammter Mist!

Eine kleine Pocahontas

Kurz vor Weihnachten zeigte ihm seine Mutter eine Ultraschallaufnahme des Babys. „Stell dir vor! Es wird ein Mädchen!“, strahlte sie glücklich.
„So eine kleine Pocahontas!“, murmelte Felix nicht ganz unzufrieden. Ein kleines Mädchen mit langen schwarzen Haaren und blitzenden braunen Augen war vielleicht doch ganz nett.
„Felix!“, schimpfte seine Mutter. „Sei doch nicht immer so rassistisch!“
„Ich habe es mir ja nicht ausgesucht!“, verteidigte sich Felix. Dann schaute er auf das Bild, in dem deutlich die Umrisse des Babys zu sehen waren. „Komisch ist es schon, dass du noch ein Baby bekommst!“
Ray setzte sich unaufgefordert dazu, und Felix rutschte ein Stück von seiner Mutter weg. „Und?“, feixte er, „Hast du schon einen Indianernamen für deine Tochter?“
Ray zuckte unentschlossen die Schultern, überging, wie immer, die Stichelei. „Das soll deine Mutter entscheiden!“
„Oh, entscheiden bei den Lakota nicht alles die Männer? Machomäßig? Oder so?“
Ray bleckte die Zähne und grinste herausfordernd: „Das ist ein Klischee! Genauso wie der Marterpfahl oder die Friedenspfeife!“
Er drehte sich zu seiner Frau und legte sanft die Hand auf ihren Bauch: „Und? Ist alles in Ordnung?“
Seine Mutter lächelte glücklich und entspannte sich unter seiner Hand: „Ja, alles in Ordnung!“
„Schön, dann brauchen wir das Ungeborene nicht mit weiteren Bildern zu stören! Das ist nicht gut!“
Er hatte Ungeborenes gesagt! Ungeborenes! Auf welchen Planeten lebte der Indianer eigentlich?

„Ray!", lächelte seine Mutter, „Das ist doch Aberglauben! Der Ultraschall schadet dem Baby nicht! Ganz im Gegenteil! Man kann gut sehen, ob sich alles richtig entwickelt!"
„Tunkáschila sorgt dafür, dass sich alles richtig entwickelt! Die Bilder stören das Ungeborene und beunruhigen es!", erklärte Ray ernst.
„Ist ja gut! Wenn du es nicht willst, dann mache ich keine Ultraschallbilder mehr!", versicherte seine Frau.
Ungläubig wandte sich Felix an Ray: „Sag mal, spinnst du! Wir leben hier in Deutschland, und nicht in der Prärie! Mit deinem vorsintflutlichen Ansichten kannst du bleiben, wo der Pfeffer wächst!"
Rays Augen zogen sich leicht zusammen, dann bleckte er wieder seine Zähne: „Wenn du irgendwann einmal eine Frau hast, dann kannst du dich ja um diese Angelegenheiten kümmern, aber Jenny ist meine Frau und das geht dich nichts an!"
„Sie ist meine Mutter! Zum Schluss zwingst du sie noch, dass sie ihr Baby in einem Tipi zur Welt bringt!"
„Das ginge dich auch nichts an!", wiederholte Ray in seiner ruhigen Art.
Wütend sprang Felix auf, fühlte sich wieder ausgeschlossen und wertlos: „Ihr spinnt ja alle beide!"

Die Zeit bis Weihnachten empfand er als furchtbar.
Seine Mutter dekorierte das Haus mit weihnachtlichem Kitsch, buk Plätzchen wie seit Jahren nicht mehr und verwandelte sich in eine gute deutsche Hausfrau.
„Warum hast du diese Fähigkeiten nicht bei Papa entwickelt?", fragte er missmutig.
„Vielleicht hätte er uns dann nicht verlassen."
„Er war halt nicht der Richtige!", antwortete seine Mutter gereizt.

„So? Was ist bei Ray denn so Besonderes, dass du plötzlich Plätzchen bäckst?“
Seine Mutter wischte sich die mehligen Hände an ihrer Schürze ab. Küchenschürze! Er hatte seine Mutter in seinem ganzen Leben noch nie mit einer Küchenschürze gesehen!
„Raus aus meiner Küche!“, meinte sie energisch und schob ihn zur Tür. „Wenn du meine Plätzchen nicht magst, brauchst du sie auch nicht zu essen!“
„Hah!“, brummte er empört. „Glaubst du, dass ich sie alle dem Indianer überlasse? Nicht mit mir! Und wenn ich mir den Magen verrenke! Ich fresse sie alle auf!“
„Der Indianer heißt Ray!“, korrigierte ihn seine Mutter.
„Nicht für mich!“, bockte Felix. Noch empfand er dieses ganze „happy family“ Getue als verlogen und falsch.
„Überhaupt, wann arbeitet dieser Indianer eigentlich?“, stach er in die offene Wunde. Er hatte gemerkt, dass Ray unter der Untätigkeit litt, sich oft langweilte oder schlecht gelaunt war. Bisher hatte er noch kein einziges Konzert gegeben!
Seine Mutter antwortete mit einem tiefen Seufzen und wandte sich wieder ihrem Plätzchenteig zu: „Das ist ziemlich schwierig! Vielleicht nächste Woche! Kommst du dann mit?“
„Wo spielt er denn?“
„Auf einem alternativen Festival!“
„Mal sehen!“, wich Felix aus.
Immer noch hoffte er, dass Ray einfach verschwinden würde, wenn er hier keine Zukunft sah.

Nur unwillig registrierte er, wie sich der Bauch seiner Mutter rundete und sich unter der Schürze spannte.
Dann wieder freute er sich auf seine Schwester, obwohl er auf den Indianer durchaus verzichten konnte. Seine Mutter konnte das Kind auch alleine großziehen! Wahrscheinlich kämen sie

zu dritt besser zurecht, als wenn dieser arbeitslose Indianer hier hauste. Ein unnützer Esser mehr im Haus.
Mit Schadenfreude merkte er, dass sich die Stimmung zwischen den beiden verschlechterte. Immer wieder hörte er geflüsterte Diskussionen zwischen ihnen, eigentlich mehr von seiner Mutter, während Ray nur kurze Kommentare abgab.

Dann kam das ersehnte Konzert von Ray. Felix ging aus reiner Neugier mit, wollte wissen, ob Ray so gut war, wie seine Mutter immer glaubte. Seine Mutter hoffte natürlich, dass sich endlich die Beziehung zwischen den beiden besserte, und Felix ließ sie in dem Glauben.
Das Konzert war großartig! Es fand in einem Zelt auf einem großen Weihnachtsmarkt statt, war brechend voll, denn Indianer waren anscheinend gerade „in".
Ray spielte indianische Stücke auf seiner Flöte, trommelte einige Lieder und brachte dann das Zelt mit seiner Gitarre zum Kochen. Zum Schluss ließ er die Leute einen Rundtanz tanzen, und sprach ein Gebet in seiner Sprache, das die Menschen in Ehrfurcht versetzte. „Mitakuye o'yasin!" Wir sind alle verwandt! Felix hatte diesen Satz schon oft gehört und hätte darauf verzichten können. Wir sind alle verwandt! So wörtlich hätte Ray das nicht nehmen müssen!

Ray dagegen war vollkommen entspannt und glücklich. Er strahlte von einem Ohr bis zum anderen, gab Autogramme und fühlte sich als der Star des Abends. Die Gage war nicht schlecht, und zum ersten Mal konnte Ray seine Familie ausführen und die Rechnung selbst bezahlen. Felix unterließ bissige Bemerkungen, weil er seine Mutter nicht ärgern wollte, aber in den nächsten Tagen würde er Ray schon darauf hinweisen, dass es eigentlich seine Aufgabe wäre, die Familie zu ernähren.

Stolz hielt Ray die zusammengerollten Scheine in der Hand und nahm einen Teil auf die Seite: „Dieses Geld hier schicke ich meiner Familie nach Amerika!“
Felix verschluckte sich fast und schaute ihn erstaunt an: „Deine Familie? Ich dachte, dass wir deine Familie sind!“
„Aber ja! Aber ich habe noch fünf Kinder aus meinen ersten beiden Ehen. Sie können immer Geld brauchen! Meine ältere Tochter hat vor kurzem ein Baby bekommen. Der Typ hat sie sitzen lassen. Sie wird sich freuen, wenn ich ihr etwas schicke!“
Felix schaute seine Mutter entrüstet an: „Sag mal, hast du gewusst, dass du einen Opa heiratest?“
„Aber sicher! Ich kenne alle seine Kinder! Sie sind sehr nett! Du wirst sie mögen!“
„Ich? Wie sollte ich sie kennen lernen? Ich habe nicht vor zu Indianers zu fahren!“
Er stopfte sich den Mund mit einem Stück Pizza voll und vermied es seine Mutter anzusehen. Manchmal musste er ihnen einfach wehtun! „Schickst du denen auch Geld?“
„Wenn es mir möglich ist!“, erklärte seine Mutter ruhig.
„Ach, da musst du aber viele Bücher schreiben, wenn du einen ganzen Stamm ernähren willst!“, feixte Felix bissig.
Ray wischte sich über den Mund, dann beugte er sich nach vorn und schaute Felix durchdringend in die Augen: „Ich!“, betonte er. „Ich ernähre meine Familie!“
„Mit was?“, stänkerte Felix. „Mit Luft und Liebe?“
Nur kurz blitzte Wut in Rays Augen auf, dann nahm er ein Stück Fleisch auf die Gabel und stopfte es sich wortlos in den Mund. Immer, immer ließ diese Rothaut seine Wut im Nichts verpuffen! Warum konnte er nicht mit ihm streiten wie mit einem normalen Menschen?
Das Konzert hatte offenbar eine Signalwirkung gehabt, denn Ray hatte jetzt regelmäßig irgendwo Auftritte. Seine Mutter

begleitete ihn stets und Felix nutzte die sturmfreie Bude, um exzessiv im Internet zu spielen.
Die Aufmerksamkeit seiner Mutter ließ nach, eigentlich kümmerte sie sich überhaupt nicht mehr um seine schulischen Belange. Felix nahm das als Freibrief, ging viel mit seinen Freunden auf Partys oder besuchte seine Freundin.
Seine Noten waren nicht schlecht, aber auch nicht wirklich gut. Immer wieder ermahnte ihn die Lehrerin mehr zu tun, doch er schrieb ihre Warnungen leichtfertig in den Wind. Besonders ernst nahm er sie ohnehin nicht.
Abends kamen inzwischen oft Gäste nach Hause. Musikerfreunde von Ray, die seine Mutter bedienen musste.
Noch mehr Esser, stellte Felix nüchtern fest.
Selbst seiner Mutter ging es langsam auf die Nerven, obwohl sie ihren indianischen Ehemann verteidigte. „Indianer sind sehr gastfreundlich!“, meinte sie, als Felix wieder mal gegen Ray stichelte.
„Ray ist sehr gastfreundlich darin dein Geld auszugeben!“, bemerkte Felix süffisant. „Oder sind es deine Gäste?“
„Es sind unsere Gäste!“, erklärte seine Mutter patzig.
Trotzdem wirkte sie alles andere als glücklich.

Oft qualmten die Gäste das Wohnzimmer voll, sodass seine Mutter sich mit Kopfschmerzen zurückzog, doch Ray meinte, dass es nicht gastfreundlich sei, seinen Gästen das Rauchen zu verbieten. „Es ist nicht unsere Art unseren Gästen Vorschriften zu machen!“, wiegelte er ab, als Felix ihn darauf hinwies, dass der Rauch dem Baby schadete. So lächelte er stets freundlich, wenn seine Frau das Wohnzimmer verließ und wandte sich wieder den Gästen zu.
Felix ärgerte sich darüber, aber seine Mutter erklärte, dass sie die Zeit ohnehin besser nutzen könnte, wenn sie an ihren Büchern

schrieb. „Mein Verleger sitzt mir schon im Nacken! Irgendwann muss ich ja schreiben!"
„Es ist doch nicht normal, wenn dein Mann unten im Wohnzimmer die Gäste unterhält, und du dich in dein Büro zurückziehst!", wunderte sich Felix.
„Bei den Lakota schon! Da unterhalten sich die Männer untereinander und die Frauen untereinander!"
„Jetzt noch? In welchem Jahrhundert leben die denn?"
„Na ja, ganz so streng ist es heutzutage nicht mehr, aber im Ansatz hat es sich nicht wirklich verändert!"
„Und so jemandem heiratest du?" Völliger Unglauben schwang in Felix Stimme, denn er hatte seine Mutter bisher immer als sehr emanzipiert erlebt.
„Andere Länder, andere Sitten!"
Felix schnaubte abfällig und deutete auf den leicht gewölbten Bauch seiner Mutter: „Und diesen kleinen Wurm erziehst du dann nach dem gleichen Unsinn?"
„Nicht ich, aber Ray!", antwortete seine Mutter mit fester Stimme.

Weihnachten war dann wider Erwarten doch ganz schön.
Seine Mutter hatte einen großen Weihnachtsbaum gekauft, ihn in ihrem Auto nach Hause transportiert und mit goldenen Kugeln geschmückt. Der einzige Nachteil war, dass er anschließend die Tannennadeln aus dem Auto saugen musste.
Ray wunderte sich, dass man in Deutschland echte Kerzen an den Baum stecken durfte und freute sich über den natürlichen Kerzenschein. Sie tauschten Geschenke aus, die im Verhältnis nicht so üppig ausfielen wie im letzten Jahr. Das lag vielleicht daran, dass seine Mutter ein riesiges Paket an seine Stiefgeschwister geschickt hatte, bei dem das Porto mindestens genauso viel gekostet hat wie die Geschenke selbst. Immerhin lagen

neue Klamotten unter dem Weihnachtsbaum, ein neues X-Box Spiel und die Einladung seines Vaters mit ihm über Silvester zum Skilaufen zu gehen. Von Ray bekam er tatsächlich eine ziemlich geile Mütze, mit Totenkopf bestickt, außerdem einen Pullover mit wertvoller Applikation. Zumindest am heiligen Abend unterließ er das ständige Ärgern, stattdessen drückte er Ray eine Packung Tabak in die Hand: „Habe gehört, dass man euch so was schenkt!"
„Danke!", murmelte Ray höflich, war sichtlich überrascht, dass der Junge überhaupt etwas für ihn hatte.

Die Ferien hatten erst mit dem heiligen Abend angefangen, und so verbrachte Felix die nächsten Tage mit wahrem Faulenzen. Schlafen bis gegen Nachmittag, dafür die Nacht durchzocken. Seine Mutter hatte die Internetsperre völlig vergessen und das nutzte Felix weidlich aus. All seine guten Vorsätze, in den Ferien ein wenig Mathe aufzuholen, waren vergessen.
Wozu auch? Die Ferien waren noch lang!
Eva war angeblich nicht da, und so traf er sich manchmal mit seinen Freunden.
Dann standen sie frierend im Bushäuschen herum, rauchten selbst gedrehte Zigaretten und tranken Bier, das ein Sechzehnjähriger ergattert hatte. Manchmal fanden sie auch Unterschlupf im Keller von Görne, dem Jungen mit den traurigen Augen, eigentlich aus gutem Hause, der inzwischen nur noch mit Springerstiefeln und Bomberjacke unterwegs war. Wahrscheinlich, um seine spießigen Eltern zu provozieren.
Im Keller hingen Fahnen und Hakenkreuze, und Felix wunderte sich, dass Görnes Eltern keinen Aufstand machten. Zum Schein grölte Felix mit, wenn sie wieder Landserlieder sangen, schimpfte gegen den „Kanaken" in seinem Haus. Mit keinem Wort erwähnte er, dass seine Mutter Ray inzwischen geheiratet

hatte, wegen der „Rassenschande“ und so. Nur nicht auffallen! Nur nicht anders sein!

Irgendwie war er richtig froh, als ihn sein Vater kurz vor Silvester zum Skifahren abholte. Ein paar Tage Abstand würden ihm ganz gut tun.
Sein Vater hieß Frank Ronacher und führte eine Mercedes Vertretung. Er fuhr immer das neueste Modell und Felix schämte sich über die alte Karre, die seiner Mutter gehörte. Eigentlich hätte Felix auch bei seinem Vater ein Praktikum machen können, aber da reinigte er lieber die Klos auf einem Bahnhof! Nichts ist schlimmer, als für seinen eigenen Vater zu arbeiten! Der Sohn vom Chef!
Allein der Gedanke war schon zum Gruseln. Er wollte kein Chef sein! Nie! Auch kein Ingenieur oder was sich seine Eltern sonst für ihn ausgedacht hatten.
Seine Mutter umarmte ihn herzlich zum Abschied, und Felix schob sie verlegen zur Seite. Er war doch kein Baby mehr!

Ray hielt sich still im Hintergrund, musterte Herrn Ronacher nur kurz mit prüfenden Augen, seine Hände wieder in der typischen Weise in den Hosentaschen vergraben. Dann schloss sich die Haustür, und Felix packte seine Tasche in den Kofferraum des Autos, während sein Vater die Skier auf dem Dachständer befestigte. „Na? Alles klar?“, fragte er.
„Schon!“, antwortete Felix wortkarg.
„Na, dann steig mal ein!“
Felix setzte sich auf den Beifahrersitz und schaute fast ein bisschen wütend aus dem Fenster. Er hatte seinen Vater seit längerem nicht gesehen und wusste nicht, wie er ein Gespräch anfangen sollte. Eigentlich wollte er überhaupt nicht mit ihm reden! Verräter!

„Und?“, fragte sein Vater.
„Wieso hast du mir nicht gesagt, dass Mami diesen Indianer geheiratet hat?“, sprudelte es aus Felix heraus.
„Ich?!“, wunderte sich sein Vater. „Das ist ihre Angelegenheit, nicht meine!“
„So ein Scheiß!“, brummte Felix, aber irgendwie hatte sein Vater natürlich Recht. Erwachsene hatten immer Recht!
„Kommst du mit ihm nicht klar?“, erkundigte sich sein Vater.
Felix schielte von der Seite auf seinen Vater und seufzte tief. Natürlich kam er mit Ray klar, aber er wollte einfach nicht! Er wollte, dass sein Vater wieder bei ihm war, und mit Ray im Haus war dieser Zug endgültig abgefahren.
Wieso hatte die Ehe seiner Eltern nicht geklappt?
Seine Mutter sah gut aus, und sein Vater eigentlich auch!
Groß, schlank, mit dunklen Locken und einem kantigen, männlichen Gesicht! Er hätte jederzeit Reklame für Marlborozigaretten machen können, so mit Cowboyhut! Außerdem war er erfolgreich und verdiente gut!
Nicht so wie dieser heruntergekommene indianische Musiker.

„Mami bekommt ein Baby!“, erzählte er unwillig.
„Oh mein Gott!“, murmelte seine Vater sichtlich betroffen. „Jetzt spinnt sie endgültig!“
Felix kicherte erheitert. „Nicht wahr? Stell dir mal vor! So eine Rothaut hier in Deutschland!“
Seinem Vater war offensichtlich nicht nach Lachen zumute. Er biss die Zähne zusammen und schüttelte indigniert den Kopf: „Jennifer und ihr Indianertick! Ich frage mich, wann sie endlich erwachsen wird!“
„Du hättest uns halt nicht verlassen dürfen!“, beschwerte sich Felix nicht ohne Schadenfreude. „Es wird übrigens ein Mädchen!“

„So? Wisst ihr das schon so genau?“ Er zündete sich eine Zigarette an und blies den Rauch unwillig zur Seite.
„Ja!“, antwortete Felix. „Und ich habe zusätzlich noch einen ganzen Haufen indianischer Stiefgeschwister!“
Irgendwie machte es Felix Spaß seinem Vater die Abgründe aufzuzeigen, in denen er von ihm zurückgelassen worden war.
„Mama schickt immer Pakete nach drüben! Mit Kleidung und Essen!“
„Oh Mann!“, stöhnte sein Vater. „Können wir jetzt über ein anderes Thema reden? Zum Beispiel Schule?“
„Klar!“, grinste Felix versöhnlich.
„Und? Was macht die Schule?“
„Ganz okay! Wenn ich den Quali habe, dann gehe ich vielleicht auf die Kinderpflegeschule!“
Auf diese Idee hatte ihn ein Mädchen gebracht, und nach dem Praktikum im Kindergarten fand er die Idee eigentlich ganz schön. Außerdem gefiel ihm die Vorstellung, dass dies seinen Vater garantiert auf die Palme bringen würde.
„Kinderpflegeschule?!“, höhnte sein Vater. „Ich dachte du willst Ingenieurwesen studieren?“ Sein Tonfall war nicht entsetzt, sondern abwertend, abfällig, als wäre Felix nun endgültig nichts mehr wert.
Felix senkte bockig den Kopf und hasste seinen Vater für diese Äußerungen. Abhauen, aber dann noch Ansprüche stellen!
„Du hast halt keine Ahnung!“, meinte er patzig.
„Wieso? Wenn du den Quali hast, dann kannst du doch den M-Zug machen und anschließend die FOS.“
„Wenn ich in die Kinderpflegeschule gehe, dann kann ich dort auch die mittlere Reife machen und anschließend die Fachakademie für Sozialwesen!“
„Wer redet dir denn diesen Unsinn ein? Weißt du eigentlich, was du als Kinderpfleger verdienst? Damit kannst du später keine

Familie ernähren! Das ist ohne jede Perspektive! Einfach nur rausgeschmissene Zeit!"
„Mir macht es aber Spaß!"
„Was?"
„Na, mit Kindern zu arbeiten!"
„Und was ist daran so toll?"
„Dass ich kein Scheiß-Mathe mehr habe!"
„Bullshit!", fluchte sein Vater ungehalten. „Du bist mein Sohn und dürftest kein Problem mit Mathe haben. Das ist reine Faulheit!"
„Ich kapiere trotzdem kein Wort! Vielleicht bin ich gar nicht dein Sohn! Woher willst du das so genau wissen?" Es war nicht ernst gemeint, aber Felix wollte seinen Vater irgendwo treffen, ihn für seine Arroganz bestrafen.
Das Auto schlingerte wild hin und her, dann lenkte sein Vater das Auto auf einen Feldweg und hielt an.
Heftig atmend drehte er seinen Kopf zu seinen Sohn und funkelte ihn an: „Du kleine Rotznase! Ich bin mir ziemlich sicher, dass ich dein Vater bin! Ich war nämlich bei deiner Geburt dabei! Also hör auf, so einen Quatsch zu erzählen! Setz dich auf deine Pobacken und lern!"
„'Tschuldige!", murmelte Felix verlegen, war über den Ausbruch seines Vater doch etwas überrascht.
Andererseits amüsierte ihn das Statement seines Vaters. Bei der Geburt dabei gewesen zu sein, bedeutete noch lange nicht, dass er auch der Erzeuger war.
„Dich stresst die ganze Situation…", meinte sein Vater freundlich. „…ich bin weg, deine Mutter wieder verheiratet, ein Baby unterwegs! Das kann einen ganz schön umhauen! Aber du solltest nie irgendwelche Zweifel daran haben, dass wir dich lieb haben!"
„Warum habt ihr euch dann getrennt?"

„Weil es zwischen uns nicht mehr geklappt hat! Das ist alles. Aber das hat nichts mit dir zu tun!“
„Ich fühle mich aber so!“
Sein Vater strich ihm über die gestylte Frisur und zerzauste sie, wie er es früher immer getan hatte, als Felix noch klein war. „Hey, Junior! Wir schaffen das schon! Wenn du es in dem neuen Familienidyll nicht mehr aushältst, dann ziehst du einfach eine Weile zu mir.“
„Echt!“, freute sich Felix. Vielleicht wäre das keine schlechte Idee?
„Klar! Wenn du deinen Quali hast!“
Aha! Da war also der Haken. War ja klar. „Mal sehen!“, winkte Felix ab. Er hatte keine Lust, auf das Mitleid seines Vaters angewiesen zu sein. „Wird schon klappen!“
„Wollen wir jetzt weiter fahren?“, schlug sein Vater vor.
„Von mir aus!“

Sie brauchten mehrere Stunden, ehe sie einen noblen Skiort in der Schweiz erreichten. Die meiste Zeit sprach Felix wenig. Gelangweilt suchte er nach Rundfunkstationen, die gute Musik spielten, während sein Vater mehrmals geschäftliche Telefonate annahm und dann die Musik wieder leiser drehte.

Sie verbrachten drei Tage in seinem sauteuren Hotel, und Felix genoss seine Rolle als Millionärssöhnchen.
Frühstücksbüffet, Swimmingpool, Sauna und drei Tage Skipass für alle Abfahrten. So ging das!
Noch einmal das Leben genießen, ehe er in die Gosse abstieg! Nur seine Kleidung passte nicht ganz in das vornehme Ambiente. Immer noch trug er viel zu weite Hosen, lässige Basketballshirts und selbst im Restaurant ein Käppi auf drei Uhr. Sein Vater versuchte ihn mit warnenden Blicken zu besseren Essens-

manieren zu ermahnen, die er natürlich ignorierte. Mit dem Ellbogen aufgestützt und seinem Kopf lässig in der Hand liegend, aß es sich einfach bequemer.
Tagsüber lieferte er sich Wettrennen mit seinem Vater, abends bestellte er souverän die teuersten Steaks zum Abendessen und freute sich diebisch über die hohe Rechnung. Sollte sein Alter nur blechen! Geschah ihm Recht!

Silvester in der Schweiz war allerdings eine Pleite, denn pünktlich zu Mitternacht klappten die Schweizer die Bürgersteige hoch und trugen ihre Häuser in den Keller. Ein liebloses Mitternachtsessen, das war alles. Kein Feuerwerk, gar nichts!
Felix dachte schwermütig an seine Mutter, die jetzt bestimmt ein schönes Fondue hätte und jede Menge Raketen abfeuern würde.
„Wo hast du mich denn hingeschleppt!“, meinte er vorwurfsvoll. „Hier ist ja gar nichts los!“
„Du hast wohl immer was zum Maulen! Sei froh, dass du Ski fahren kannst!“
„Na ja, aber nächstes Mal könnten wir ja irgendwohin, wo Silvester was los ist! Sydney oder so!“
„Sydney?“, grunzte sein Vater empört.
„Ja, das liegt in Australien!“, erklärte Felix altklug.
„Nur so, über Silvester?“
„Ja, das wäre doch cool! Einmal im Jahr lassen wir es so richtig krachen. Raus aus der Armut!“
Sein Vater wurde richtig böse, verstand den kleinen Spaß in keiner Weise: „Armut! Ich glaube du hast keine Ahnung, was Armut wirklich bedeutet! Vielleicht hätte deine Mutter dich doch einmal nach Amerika mitnehmen sollen. Dann wüsstest du was Armut ist!“
„Mann! Das war doch nur ein Spaß! Du redest schon genauso wie Mami. Von wegen arme Indianer, und so!“

„Ich frage mich halt, wie du auf das Wörtchen „arm“ kommst? Du lebst in einem großen Haus, mit einem eigenen Zimmer, eigenen Fernseher, eigenen Internetanschluss, Taschengeld…!“
Felix schloss die Ohren und ließ die Standpauke seines Vaters wirkungslos an sich vorbeigehen. Blah, blah!
Die Rückreise verlief wieder in gelangweilter Atmosphäre. Felix war müde, außerdem hatte er das Gefühl, das jedes noch so harmlose Gespräch in einer tiefgründigen Diskussion enden würde, auf die er keinen Bock hatte.

Am Spätnachmittag erreichten sie das Haus seiner Mutter, und Felix wusste nicht, wie er sich von seinem Vater verabschieden sollte. Einerseits war die Zeit schön und viel zu kurz gewesen, andererseits war es doch immer wieder zu Spannungen gekommen. Auf sein Klingeln hin öffnete Ray die Tür und nickte freundlich: „Your Mum is taking a nap!“, entschuldigte er die Abwesenheit seiner Frau. „Deine Mutter macht gerade ein Nickerchen.“ Dann verschwanden seine Hände wieder in den Hosentaschen, als er zuschaute, wie Herr Ronacher die Tasche vor die Tür stellte. „Hi!“, murmelte er verlegen.
„Hallo!“, antwortete Felix Vater.
Dann staunte Felix nicht schlecht, als sein Vater dem Indianer freundlich die Hand entgegenstreckte und ihm seinen Vornamen anbot: „I‘m Frank!“
Ray zog seine Hände aus den Taschen und schüttelte die dargebotene Hand: „I‘m Ray!“
„Nice to meet you!“, lächelte Felix Vater, ganz so, als begrüßte er einen neuen Geschäftskunden.
„You wanna come in?“, fragte Ray höflich.
Felix schnaubte aufgebracht. Das wäre ja noch schöner! Sein Ex-Vater und sein Stiefvater zusammen auf einer Couch! Wie beim Psychiater! Zum Glück lehnte sein Vater, mit einem kleinen

Hinweis auf seinen noch langen Heimweg, ab und verabschiedete sich freundlich. „Halt die Ohren steif!“, meinte er zu Felix. Wieder so ein platter Spruch eines Erwachsenen, mit dem Felix nicht wirklich etwas anfangen konnte. Warum sagte er nicht „ruf mich an, wenn du mich brauchst“ oder „komm zu mir, wenn du Sorgen hast“? Warum mussten es immer so leere Floskeln sein, ohne wirkliche Bedeutung?

Er schob sich mit seiner Tasche an Ray vorbei und warf sie im Flur auf den Boden. „Wie geht es meiner Mutter?“, murmelte er ohne wirkliches Interesse.
„Baby is kicking her!“, meinte Ray mit einem breiten, zufriedenen Grinsen.
Oh! Warum musste er als erstes auf die Schwangerschaft anspielen? Dieser blöde Angeber!
„Na, dann ist ja alles wunderbar!“, flötete Felix und machte sich auf den Weg nach oben.
Ein Pfiff von Ray stoppte ihn. Unwillig drehte sich Felix um, dann blickte er genervt auf Rays Daumen, der unmissverständlich auf seine Tasche zeigte. „Tidy up!“- Aufräumen!
Mit einem Knurren sprang er die drei Stufen wieder herunter, schnappte sich seine Tasche und hechtete nach oben. Jetzt führte sich dieser Kerl schon wie der Herr im Haus auf!
Kaum verlässt die Katze das Haus, tanzen die Mäuse auf den Tisch. Jetzt wusste er, was dieses alte Sprichwort bedeutete. Ray brauchte eine Abreibung!

Drogenhandel

Am ersten Tag nach den Ferien traf Felix der Schock. Eva verkündete ihm, dass „Schluss“ sei und sie nun mit Barne zusammen sei. Ausgerechnet mit Barne, der Oberdepp aus der Parallelklasse!
Er versuchte mit Eva zu reden, doch ihre Freundinnen schirmten sie von ihm ab. Er hatte den Eindruck, dass die Jugendlichen ihres Dorfes gegen ihn hetzten und schuld daran waren, dass Eva von ihm nichts mehr wissen wollte. Aber er wusste nicht warum. Seine Freunde fanden eine schnelle Erklärung: „Weißt du, in unserer Schule sind sie krass drauf! Die wollen nichts mit einem zu tun haben, der einen Kanaken im Haus hat!“
Felix hatte Tränen der Wut in den Augen: „Ich kann doch nichts dafür, wenn sich dieser Depp in unser Haus rein schleicht!“

Immer wieder versuchte er Eva über ihr Handy zu erreichen, doch sie verweigerte die Annahme des Gesprächs oder ließ ihre Freundinnen antworten, die ihn auslachten und verspotteten. Bettlakenonanierer!
Felix fühlte sich verraten und tief verletzt. Wie konnte Eva ihm so etwas antun? Sie war doch eingeschlafen!
Hätte er sie zwingen sollen? Wachrütteln? Und wieso giftete sie ihn nun so an? Warum konnte man nicht in Frieden auseinander gehen? Wieso setzte sie irgendwelche Geschichten in die Welt, wie er sie angeblich vernachlässigt hatte oder wie wenig Gefühl er gezeigt hätte.

„Die ist ja so eng, dass man ein Schwert bräuchte!“, lästerte er zurück, was ihn allerdings bei den Mädchen endgültig ins Abseits setzte. „Iih, bist du fies!“

Trotzdem sah er sich immer wieder Hänseleien ausgesetzt, vor allen Dingen von einigen Mitschülern, mit dem Resultat, dass er seinen Widersacher windelweich prügelte. Barne! Niemand spannte ihm ungestraft das Mädchen aus!
Er ließ all seine aufgestaute Aggression heraus, all seine Wut und seinen Frust! Er war kein Weichei! Schon gar nicht bei einem Mädchen!
Zehn Minuten später saß er im Zimmer des Direktors und kassierte den nächsten Verweis. „Noch einen und du fliegst von der Schule!"
Felix saß verstockt in dem gelb verblichenen Sessel, inzwischen sahen sie etwas abgegriffen aus, und weigerte sich, dazu Stellung zu nehmen. Was hätte er auch sagen sollen? Dass man ihm die Freundin ausgespannt hatte, weil seine Mutter mit einem Indianer schlief? Dass die wunderbare neue Schule sich als Keimzelle rechtsradikaler Parolen entpuppte, und der Dirktor zu doof war, das zu erkennen?
Schweigend steckte Felix den Verweis ein, nickte mit dem Kopf, dass er ihn mit der Unterschrift seiner Mutter zurückbringen würde. Natürlich würde er das!
Im Haus lagen überall Unterschriftenproben seiner Mutter herum. Überweisungen, Briefe, Kaufverträge. Da würde er schon das geeignete finden, um die Unterschrift seiner Mutter zu fälschen. Inzwischen war er ganz gut darin, vor allen Dingen, wenn es um nicht erledigte Hausaufgaben ging.

Sein Zorn richtete sich allerdings gegen Ray, der ihm diesen ganzen Mist eingebrockt hatte. Ohne Ray gäbe es eine Chance, dass seine Eltern sich wieder vertrügen, ohne Ray hätte er Eva noch, und in seiner Clique müsste er sich nicht immer rechtfertigen, warum der „Kanak" immer noch in seinem Haus war. Ray! Er war die Wurzel allen Übels.

Zu seiner großen Freude nahmen die Streitereien zwischen seiner Mutter und Ray wieder zu. Er bekam es nur am Rande mit, aber anscheinend ärgerte sich seine Mutter über die horrende Telefonrechnung, die Ray monatlich verursachte, wenn er mit seiner Familie telefonierte. Manchmal hockte er stundenlang am Telefon, redete mit seinen Freunden, seinen Kindern, Onkeln, Tanten und Eltern.
Auch andere Kleinigkeiten nervten seine Mutter gehörig. Dass seine Haare stets den Abfluss der Dusche verstopften, er nie sein Geschirr wegräumte und er grundsätzlich alles in der Küche stehen ließ. Gleichgültig, wie oft seine Frau ihn bat, diese Dinge wegzuräumen, er ignorierte es.
Genauso wenig verstand er, warum er seine Cowboystiefel im Windfang stehen lassen sollte. Wahrscheinlich würde er mit den Dingern am liebsten ins Bett gehen. So hinterließ er jedes Mal eine feuchte Spur auf dem Parkett, wenn er von seinen morgendlichen Spaziergängen einfach mit schneebedeckten Stiefeln ins Wohnzimmer trat.
Dann wiederum saßen sie einträchtig zusammen auf dem Sofa, kuschelten wie verschmuste Katzen und freuten sich über den wachsenden Bauchumfang seiner Mutter.
Manchmal spielte Ray auf seiner Gitarre oder Flöte, und Felix hasste diese romantischen Momente, denn ohne sie wäre Ray längst verschwunden!

Die Lage in der Schule spitzte sich zu. Eva überschüttete ihn mit Hasstiraden über seine angeblichen Verfehlungen während ihrer Beziehung, angefeuert von ihren Freundinnen.
In seiner Schule konnte er sich nach dem Unterricht nicht mehr blicken lassen, seitdem er einen anderen Jungen zusammen gedroschen hatte, der es gewagt hatte, seine Mutter eine Kanakenbraut zu nennen.

Zum Glück war dies nach dem Unterricht geschehen, sodass der Direktor keinen Wind davon bekommen hatte. Auch Barne hatte ihn nicht verpetzt, weil er mit seinen Freunden auf eine Gelegenheit wartete, es ihm heimzuzahlen.
Der Freundeskreis von Barne war nicht zu unterschätzen und so fuhr Felix lieber nach München ins Kino, weil auch Weilheim, als nächst größere Stadt, im Einzugsgebiet seiner Schule lag.
Nicht, dass Felix Angst vor einer Abreibung hatte, aber er wollte keinen weiteren Ärger mit seinem Direktor riskieren.
Der Direktor hatte nämlich herausgefunden, dass einige der Verweise und Benachrichtigungen nicht von seiner Mutter unterschrieben worden waren, doch fairerweise hatte er von einer weiteren Verwarnung abgesehen. „Noch ein Zucken! Noch eine Aktion, die mir nicht gefällt und es ist aus!", hatte er unmissverständlich gedroht.
So hielt sich Felix im Unterricht zurück, versuchte den Stoff, den er durch Schwänzen oder Unachtsamkeit verpasst hatte, einigermaßen aufzuholen. Doch immer wieder holte ihn die Trennung von seiner Freundin ein, nagte in ihm wie eine eitrige Wunde.

Jeder Tag war für ihn wie ein Spießrutenlauf, sodass er schon deshalb seine Streifzüge lieber nach München ausdehnte. Nur niemanden mehr sehen! Nicht einmal mehr Siggi und Görne. Er hatte ihre klugen Ratschläge satt. „Such dir halt eine Neue!" oder „Die war es doch gar nicht wert!" Er brauchte diese Floskeln nicht.
Ray fuhr ihn hilfsbereit zum Bahnhof und übersah dabei regelmäßig, dass die Züge in Deutschland meistens pünktlich fuhren. Immer wieder stand Felix in der Kälte herum, wartete wütend auf den nächsten Zug, weil der andere vor seiner Nase abgefahren war. Nie konnte man sich bei dem Indianer auf eine Uhrzeit verlassen, denn er rundete grundsätzlich auf oder ab, als

hätte er nie gelernt, dass die Uhr auch einen Minutenzeiger hatte. Wohl oder übel lernte Felix selbst seine Zeiten einzuteilen, und Ray entsprechend rechtzeitig zu verständigen, wenn er gefahren werden wollte.
„Hörst du? Ich komme pünktlich um achtzehn Uhr vierzig wieder an! Verstehst du? Achtzehn Uhr vierzig!"
Tatsächlich kam dann Ray erst um neunzehn Uhr, sodass Felix bereits zu Fuß unterwegs war, weil es ihm in dem zugigen Bahnhof zu kalt wurde.
„Achtzehn Uhr vierzig!", maulte er beleidigt. „Was ist denn daran so schwierig?"
„Wieso? Ich bin doch pünktlich!", verteidigte sich Ray.
„Du bist zwanzig Minuten zu spät!"
„Siehst du! Ich nenne das pünktlich!"
Felix rächte sich, indem er sich nun regelmäßig eine halbe Stunde zu früh abholen ließ, und dann anzüglich grinste, wenn Ray mit laufendem Motor am Bahnhof wartete.
„In Deutschland machen wir den Motor aus, wenn wir länger warten müssen!", erklärte er vorwurfsvoll.
„Wieso? Dann wird es im Auto ja kalt!"
„Na, wegen Umweltverschmutzung und so!"

Sein Taschengeld wurde durch die vielen Ausflüge knapp, doch manchmal konnte Felix die Fahrtkosten erschleichen, indem er für seine Mutter kleine Botengänge erledigte. Das Manuskript beim Verlag abliefern oder vom Stachus, wie der Karlsplatz in München genannt wurde, Salbei und Süßgras mitbringen, das seine Mutter abends immer abbrannte. Es wirkte beruhigend und so setzte er sich ganz gerne dazu.
Meist fuhr er mindestens einmal die Woche nach München, ging ins Kino und nahm auf dem Rückweg das Salbei mit. Zu Fasching geriet er dabei in eine Drogenrazzia im Untergeschoss der

S-Bahn. Die Beamten hatten sich in Gruppen verteilt und hielten systematisch alle Jugendlichen oder verdächtig wirkenden Personen auf. Arglos zeigte Felix den Polizisten seine Päckchen mit Süßgras und Salbei, hatte weder ein schlechtes Gewissen, noch fühlte er sich irgendwie bedroht.

„Was ist denn das?“, fragten die Beamten misstrauisch, dachten natürlich sofort, dass sie einen guten Fang gemacht hatten.

„Süßgras und Salbei für meine Mutter!“, erklärte Felix freundlich. Allerdings wirkte er mit seinen viel zu großen Klamotten kaum vertrauenserweckend auf die Polizisten, sondern passte haargenau in deren Zielraster. „Können wir mal deinen Ausweis sehen?“

„Ich habe keinen! Ich bin erst fünfzehn!“, erklärte Felix höflich.

„Und wo hast du das Zeug her?“

„Na, von oben! Da ist ein Indianershop, wo man das Zeug kaufen kann!“ Felix deutete mit dem Daumen auf die Betondecke über ihm, als ob das alles erklären würde.

Die Polizisten reagierten weniger freundlich: „Stell dich mal an die Wand!“

Mit großen Augen stellte sich Felix an die Wand und ließ sich abtasten, aber außer einer Fahrkarte, einem Päckchen Kaugummi fanden die Polizisten nichts. „Also!“, wiederholte der Polizist. „Was ist da drin?“

„Na, Salbei und Süßgras!“

„Für deine Mutter!“

„Genau!“, bestätigte Felix mit einem Achselzucken.

„Und wofür braucht sie das?“

„Sie ist mit einem Lakota verheiratet und der braucht das für seine Zeremonien!“, erklärte Felix geduldig.

„Mit einem Lakota?“, fragte der andere Polizist in diesem Tonfall völligen Unglaubens.

„Ja, das sind Sioux!“

Felix erkannte an dem Gesicht des anderen, dass der Polizist ihm kein Wort glaubte. Offensichtlich hielt er ihn für einen Dealer, der ihm gerade die Geschichte von der toten Großmutter erzählte.
„Sie können ja meine Mutter fragen!“, bot Felix an. Ein Anruf und schon wäre alles in Ordnung.
„Und du hast natürlich eine Telefonnummer, wo wir dann anrufen können?“, feixte der Polizist.
„Aber sicher!“, ärgerte sich Felix. Was sollte dieser ganze Unsinn? So ein Aufstand wegen einem Päckchen Salbei. Einige Passanten blieben bereits neugierig stehen und beobachteten die ganze Szene. Super! Felix als Drogendealer!
„Wie heißt denn deine Mutter?“
„Jennifer Two-Knives!“
Dem Polizisten reichte es offensichtlich. „Du kommst jetzt mal mit zu uns und dann soll deine Mutter die Sache klären! Ich lasse mich doch von dir nicht verarschen!“
„Aber…!“, versuchte Felix sich zu verteidigen.
„Schluss! Mitkommen!“, würgte ihn der Polizist ab und packte ihn am Arm. Felix wurde ganz kleinlaut und sah sich Hilfe suchend um. „Hey, ich bin kein Dealer! Meine Mutter wird stinksauer, wenn sie bei ihr anrufen und ihr einen solchen Unsinn erzählen!“
Die beiden Polizisten schüttelten entschlossen die Köpfe und zogen Felix bis ins Erdgeschoss. Dann führten sie ihn zu einem wartenden Polizeiauto. Verflixt!
Er wurde gerade abgeführt wie ein Schwerverbrecher! So etwas gab es sonst nur im Kino! „Mann, könnt ihr Dope nicht von Salbei unterscheiden?“, fragte er ungläubig. So doof konnten die Polizisten doch nicht sein!
Er wurde auf den hinteren Sitz gedrückt, dann fuhr das Polizeiauto um ein paar Ecken und parkte vor einem uralten Gebäude,

das wahrscheinlich schon vor dem Krieg dort gestanden hatte. Felix wurde unsanft aus dem Auto gezogen und in die Wache geführt. „Wir haben hier so einen kleinen Dealer! Personalien aufnehmen und die Mutter verständigen!“, brummte der ältere der Polizisten und warf theatralisch die Päckchen mit dem Salbei und Süßgras auf den Tresen.

Felix wurde in ein kleines Zimmer geschubst und ein jüngerer Polizist setzte sich ihm mit gerunzelter Stirn gegenüber. „Name?“, fragte er.

Felix seufzte und gab brav seine Personalien an, dann meinte er mit einem Nicken zum Telefon: „Warum rufen Sie nicht endlich meine Mutter an? Sie kann Ihnen das Ganze erklären!“

„Na schön!“, meinte der Polizist. „Telefonnummer?“

Felix diktierte ihm seine Nummer, während der Polizist gleichzeitig die Zahlen tippte. „Hallo?“, erklang es am anderen Ende.

„Hier ist die Polizeiinspektion München Mitte. Sonderbauer mein Name! Kennen Sie einen Felix Ronacher?“, fragte der Polizist.

„Ja, sicher! Das ist mein Sohn! Wieso? Ist etwas passiert?“ Die Stimme klang besorgt.

„Nun, wir haben ihren Sohn gerade mit Drogen aufgegriffen und möchten Sie bitten, umgehend in der Wache zu erscheinen!“

Felix schüttelte empört den Kopf und zischte wütend: „Es sind keine Drogen!“

„Oh mein Gott!“, erklang es am anderen Ende der Leitung. „Wie kann denn so etwas nur geschehen? Wo ist er denn jetzt? Oh, mein Gott!“

Der Polizist gab ihr einige knappe Anweisungen, dann legte er wieder auf.

„Sie sind ja total verrückt!“, schimpfte Felix aufgebracht. „Meine Mutter wegen so einem Blödsinn hierher zu jagen!“

„Das hast du dir selbst zuzuschreiben!“, meinte der Polizist ruhig.
„Ganz und gar nicht! Sie machen Ihren Job nicht richtig! Sie haben Ihre Ausbildung wohl im Kindergarten gemacht!“
„Jetzt werde mal nicht frech!“, ermahnte ihn der Beamte. „Du bleibst hier sitzen, während ich ein Protokoll schreibe! Wenn deine Mutter kommt, dann kannst du ihr ja erzählen, was sich zugetragen hat!“
„Genau! Dann erzähle ich ihr, wie Sie sinnlos Steuergelder verschwenden, während Ihnen die wirklich bösen Buben durch die Lappen gehen! Meine Mutter ist Schriftstellerin! Die liebt solche Geschichten!“
„Ja, ja! Du Unschuldslamm!“
„Untersuchen sie doch den Stoff! Ist ganz einfach!“
Felix blieb kochend vor Wut auf seinen Stuhl sitzen, während der Polizist im Nebenzimmer sein Protokoll schrieb. Durch die Scheibe konnte er sehen, wie er immer wieder zu ihm hinüber blickte und den Kopf schüttelte. Felix konnte es nicht lassen, ihm einige Grimassen zu schneiden.

Er dauerte eine gute Stunde, dann schneite seine Mutter herein, Ray im Schlepptau. Ray hatte seine Haare zum ersten Mal zu einem Zopf zusammengebunden und sah ziemlich indianisch aus. Der ältere Polizist nahm sie in Empfang, und durch die Scheibe konnte Felix sehen, wie seine Mutter irritiert die Augen zusammen zog und fassungslos nach Luft schnappte. Gleich würde hier ein Donnerwetter durchziehen! Felix konnte die Spannung förmlich fühlen!
Ohne den Polizisten zu beachten, schob seine Mutter sich an ihm vorbei und öffnete die Tür: „Felix! Alles in Ordnung?“
„Jetzt schon!“, grinste Felix. „Die Herren wollten mir nicht glauben, dass du Jennifer Two-Knives heißt, mit einem Sioux verheiratet bist und ich für euch Salbei und Süßgras besorgt habe!“

Seine Mutter lief zur Höchstform auf! Wieder holte sie tief Luft, drehte sich zu den verdatterten Polizisten um und schimpfte wie ein Rohrspatz auf sie ein: „So eine Frechheit! So eine bodenlose Unverschämtheit! Sie hetzen mich den ganzen Weg von Weilheim hierher, nur weil sie Süßgras nicht von Marihuana unterscheiden können? Nur, weil Ihnen mein Name nicht gefällt? Stört es sie, dass ich mit einem Indianer verheiratet bin? Ist es so seltsam für Sie, dass mein Mann hier nach seinen Zeremonien lebt…?“ Sie atmete heftig vor Aufregung, dann fasste sie plötzlich an ihren Bauch.

„Mama!“, rief Felix erschrocken.

„Jenny!“, hauchte Ray ebenso besorgt.

Der Polizist griff betreten nach einem Stuhl und schob ihn zu der aufgebrachten Frau: „Jetzt beruhigen Sie sich doch! Möchten Sie vielleicht ein Glas Wasser?“

Jennifer Two-Knives nickte schwach und fächelte sich mit der Hand etwas Luft zu: „So viel Aufregung um gar nichts! Warum haben Sie denn nicht einfach angerufen? Ich hätte doch gleich bestätigen können, dass es sich um einen Irrtum handelt!“

Felix mischte sich schüchtern ein: „Das habe ich ja vorgeschlagen, aber als ich denen die Geschichte von dir und Ray erzählt habe, haben sie mir gar nichts mehr geglaubt.“

„Was ist denn daran so unglaubwürdig?“, wunderte sich seine Mutter und nahm dankbar einen großen Schluck Wasser.

„Dass du Two-Knives heißt und mit einem Sioux verheiratet bist!“, erklärte Felix knapp.

„Und Ihr Mann ist wirklich ein Indianer?“, fragte der Polizist staunend, musterte dabei Ray interessiert von oben bis unten..

„Ja! Ein Sioux! So wie Crazy Horse und Sitting Bull!“

„Aha!“

Dem Polizisten war deutlich anzumerken, dass ihn diese Informationen überforderten. „Und deshalb schicken Sie ihren Sohn

nach München, damit er Ihnen Süßgras und Salbei besorgt?"
„Das klingt, als würden wir ihn zum Dealen schicken!", beschwerte sich seine Mutter. „Tatsächlich wollte er ins Kino gehen und dabei...", sie machte eine künstlerische Pause, „habe ich ihn gebeten, in dem Geschäft vorbeizugehen, weil es ohnehin auf seinem Weg liegt."
„Ach so!", räusperte sich der Polizist verlegen.
Ein weiterer Polizist kam hinzu und drückte seinen Kollegen die beiden Päckchen in die Hand: „Hier, von der Drogenkontrolle! Sie sind sauber. Süßgras und Salbei. Was soll das eigentlich? Habt ihr nichts Besseres zu tun?"
Die Polizisten wechselten hilflose Blicke, dann lachten sie reichlich verlegen: „Tut uns wirklich leid. Wir waren uns so sicher, dass er damit nur den echten Stoff tarnt."
Ray steckte abwartend die Hände in die Hose und ließ sich von seiner Frau erklären, was hier gerade geschah.
Rays Gesicht verdunkelte sich merklich, dann senkte er unwillig den Blick, fühlte sich sichtlich unwohl. „This whole shit, just because of sage and sweetgrass?", wunderte er sich. Der ganze Blödsinn, nur wegen ein bisschen Salbei und Süßgras?
„That's right!", bestätigte Jennifer mit einem Schmunzeln, dann brach sie in schallendes Gelächter aus, dieses hohe, mitreißende, ansteckende Lachen, das stundenlang dauern konnte. Sie hielt sich den Bauch vor Lachen, und Tränen kullerten über ihr Gesicht. „Was für eine Geschichte! Stellt euch die Schlagzeile vor! Indianer wegen Salbei verhaftet! Deutsche Polizisten verbieten heilige Zeremonien!"
Je mehr sie darüber nachdachte, desto mehr musste sie lachen, bis sie keine Luft mehr bekam und hechelnd nach Luft schnappte.
„Mama!", schimpfte Felix zum Schein, „Jetzt reiß dich doch zusammen!"

„Ich kann nicht!“, schnappte sie nach Luft. „Es ist einfach zu lustig! Oh Gott, erzähl das bloß nicht deinem Vater! Der rückt hier gleich mit seinem Rechtsanwalt an!“

„Mama! Können wir jetzt bitte gehen?“, langsam wurde es Felix peinlich und auch Ray drehte seinen Oberkörper hin und her, wie ein Pferd, das sich aus einer Schlinge befreien möchte.

Felix wusste bereits genug über die Polizeiarbeit in Amerika, dass Ray Angst hatte, dass seine Frau wegen ungebührlichen Verhaltens gegenüber Regierungsbeamten verhaftet wurde. „Jenny!“, mahnte er sanft. „Let‘s go!“

Energisch packte er seine immer noch kichernde Frau am Arm und zog sie aus dem Zimmer.

Felix schnappte sich die zwei Päckchen und grinste frech: „Darf ich?“

Der Polizist winkte großzügig und ließ ihn wortlos gehen.

Felix drehte sein Käppi provozierend nach hinten, schob seine Daumen in die Hose und tat besonders cool. „Macht‘s gut meine Herren!“

Vor der Tür diskutierte seine Mutter schon wieder mit einer Politesse, die ihr gerade einen Strafzettel schreiben wollte.

„…so eine Frechheit!“, hörte er seine Mutter in voller Lautstärke schimpfen. „Ich hetze wegen nichts hierher und dann….!“

Aus dem Polizeigebäude trat ein Polizist, der die Politesse schnell beiseite nahm, um sie vor der Hasstirade der aufgebrachten Frau zu schützen.

„Jenny!“, versuchte Ray seine Frau zu beruhigen, aber vergebens. Sie kam wieder richtig in Fahrt, schimpfte gegen den Rassismus in Deutschland, die Politik im Allgemeinen und die schlechte Polizeiarbeit im Einzelnen.

Dilettantisch war noch das freundlichste Wort, das ihr diesbezüglich einfiel.

Ray schob seine Frau auf den Beifahrersitz und drosch die Tür zu, ehe der Polizei tatsächlich einfiel, Jennifer wegen Beamtenbeleidigung zu verhaften.
Felix drückte sich auf den Rücksitz und schaute nicht ohne Schadenfreude auf die Beamten, die verlegen zurückblieben. Er hatte sie gewarnt!

Ray fuhr langsam durch München, reagierte gestresst auf den ungewohnten Verkehr, war aber zu besorgt, um seine Frau fahren zu lassen. Seine Frau wurde still und konzentrierte sich darauf, Ray den Weg zu zeigen. Endlich waren sie auf der Autobahn und Ray atmete erleichtert durch. „Wan! What a traffic!“ Was für ein Verkehr!
„Soll ich lieber fahren?“, bot sich seine Frau an.
„No way!“, wehrte Ray kategorisch ab.
Felix lehnte sich ein wenig zurück und unterließ es, den Indianer wegen seiner langsamen Fahrweise zu reizen. Nicht wegen Ray, aber er hatte das Gefühl, dass seine Mutter wegen der geringsten Kleinigkeit explodieren würde. „Wollen wir Eis essen gehen?“, fragte er harmlos.
Seine Mutter schüttelte energisch ihren Kopf: „Nee! Ich glaube, ich muss mich ein wenig hinlegen! Das war ein bisschen zu viel Aufregung für mich!“
„Right! That‘s not good for the baby!“, stimmte Ray ihr zu.
„Aber heute Abend könnten wir gemütlich essen gehen!”, meinte seine Mutter versöhnlich, „und anschließend brennen wir etwas von dem Marihuana ab!“ Wieder kicherte sie los, ein ansteckendes, harmloses Lachen, in das selbst Felix und Ray einfallen mussten.
„Junge, hatte ich Angst, dass sie dich, anstelle von Felix verhaften!“, brummte Ray erleichtert in seinem gut verständlichen Englisch.

„Wieso? Ich war doch im Recht!“, wunderte sich Jennifer.
„In Amerika hätten sie dich garantiert verhaftet!“, warnte Ray seltsam ernst, dann biss er sich traurig auf die Lippen. „Und das nur für die Tatsache, weil du mit mir verheiratet bist!“
„Ray! Das stimmt doch gar nicht!“
„Doch!“
„So rassistisch ist Amerika nun auch nicht! Du machst alles schlimmer als es ist!“
„In Rapid City gibt es Restaurants, in denen Indianer nicht einmal bedient werden! Geschweige denn weiße Frauen, die mit einer Rothaut verheiratet sind! Du hast schon viel gesehen, aber du hast noch nicht wirklich mit uns gelebt!“, meinte Ray bitter. „Ich kenne genügend Musiker, die kurz vor einer Tournee verhaftet wurden, nur weil das FBI sie auf dem Kieker hatte!“
Felix hörte verblüfft zu, denn aus Rays Worten klang Frust und Resignation. War das der Grund, warum Ray jetzt in Deutschland lebte?
„Aber Schatz!“, meinte seine Mutter versöhnlich. „Du lebst doch jetzt in Deutschland!“
„Ja, aber ich bin weit weg von meinen Ahnen und meiner Familie. Ich höre die Spirits nicht, wenn ich zu ihnen bete. Jenny, ich bin hier fremd!“
„Ray! Ich tue doch alles für dich! Ich möchte, dass du glücklich bist.“
„Aber du kannst mir meine Familie nicht ersetzen! Das Tioschpaye ist wichtig für uns. Ich vermisse meine Kinder, meine Eltern, meine Freunde, einfach alles! Selbst den ewigen Wind! Hier ist mir alles zu geordnet. Alles umzäunt, alles geteert, alles beengt. Ich will über eine Sandpiste fahren und den Staub hinter mir sehen! Ich will das weite Land sehen, den unendlichen Himmel und das wogende Gras! Hier werden selbst die Bäume in Form gepresst. Bei uns beugen sie sich nur dem Wind! Hohch!“

Seine Stimme brach ab vor Trauer und Heimweh.Felix sah, wie sehr Rays Worte seine Mutter trafen und sie traurig den Kopf senkte. „Bedeute ich dir denn nichts?“, fragte sie mit zitternder Stimme.
„Doch! Du bist ein Teil meines Lebens. Aber es ist nicht leicht.“
Ray fuhr das Auto nach Hause und parkte es in der Garage, dann half er seiner Frau hilfsbereit aus dem Auto: „Ruhe dich aus!“, meinte er leise.
Felix blieb unschlüssig stehen und sah zu, wie seine Mutter nach oben verschwand. Ray verließ einfach das Haus und bewegte sich Richtung Wald. „Wo gehst du überhaupt hin?“, fragte Felix verärgert. Wieso kümmerte sich Ray nicht um seine Mutter, wenn sie doch offensichtlich traurig war.
„Beten!“, war die kurze Antwort des Indianers.

Felix folgte seiner Mutter in den ersten Stock und setzte sich an ihr Bett. Zum ersten Mal sah er die Kleidung, die unordentlich auf dem Boden lag. Auch hier räumte der Indianer offensichtlich nicht auf.
„Mann! Und mich schimpfst du immer, wenn es bei mir so aussieht!“, murrte er.
„Ach, hör auf!“, meinte seine Mutter schwach.
„Im Ernst! Wieso bleibst du mit diesen Typen überhaupt zusammen! Er will nicht hier bleiben, und du regst dich ohnehin nur auf, wenn er so schlampig ist!“
„Er ist nicht schlampig!“, verteidigte seine Mutter ihren Mann.
„Was dann?“
„Er ist Lakota! Da kümmern sich die Frauen um den Haushalt!“
„Wir leben im 20. Jahrhundert!“
„Ray nicht!“
„Du meckerst aber ständig an ihm herum!“
„Tue ich gar nicht!“, meinte seine Mutter bissig.

„Er gehört einfach nicht hier her!“, beendete Felix das Gespräch. Dann verließ er das Schlafzimmer seiner Mutter.
Lustlos warf er sich auf sein Bett und blätterte einige Schulunterlagen durch. Es drohte eine Prüfung in Arbeitslehre, außerdem eine Schulaufgabe in Englisch. Ihm fiel auf, dass ihm mindestens vier Einträge in Arbeitslehre fehlten und rief seine „Sekretärin“ an, damit sie die Unterlagen nach den Faschingsferien mitbrachte. Dann vergaß er das Ganze und loggte sich lieber im Internet ein. Er ballerte sich durch ein Spiel, vergaß völlig Zeit und Raum oder die Probleme seiner Mutter.

Erst am Abend fiel ihm wieder ein, dass seine Mutter ihm eigentlich ein nettes Abendessen beim Wirt versprochen hatte, und so hüpfte er die Treppe hinunter, um sie daran zu erinnern. „Hey, wie sieht es mit dem versprochenen Essen aus?“, fragte er enthusiastisch.
Seine Mutter saß weinend auf dem Sofa, während Ray am Fenster stand, seine Hände in den Hosentaschen vergraben, und aus dem Fenster starrte.
„Was ist jetzt los?“, fragte er reichlich genervt.
„Ray will zurück!“, weinte seine Mutter schniefend.
„Zurück?“, fragte Felix konsterniert. Wollte dieser miese Indianer seine Mutter etwa sitzen lassen? Jetzt? Mit einem dicken Bauch? Eine unglaubliche Wut stieg in ihm hoch und am liebsten hätte er Ray verdroschen. „Ich hab´s doch gesagt!“, flüsterte er heiser vor unterdrückter Wut. „Diese blöde Rothaut bringt nur Unglück über uns!“
„Rede doch nicht solchen Unsinn!“, herrschte seine Mutter ihn an. Felix zwinkerte überrascht, dann zuckte er mit den Schultern. „Ja, und jetzt?“
„Nichts! Wir reden noch darüber. Lass uns essen gehen! Das bringt uns auf andere Gedanken.“

„Na schön!“, wunderte sich Felix und blickte Ray misstrauisch an, der immer noch vollkommen ruhig am Fenster stand. Irgendwann würde er diesen Typen schon erwischen, der seine Mutter zum Weinen brachte! Was bildete sich der eigentlich ein? Seine Mutter schwängern und dann einfach abhauen?

Kanakenklopfen

Das Abendessen beim Wirt verlief in ruhiger Atmosphäre. Ray futterte ein Steak, während sich seine Mutter an einen großen Salat mit Garnelen hielt. Während des Essens waren die beiden still, weil „Indianer nicht gern gleichzeitig reden und essen".
Felix hatte diese Erklärungen langsam satt. Indianer tun dies oder das nicht! Wahrscheinlich hätten sich seine Eltern nie scheiden lassen, wenn seine Mutter damals schon so entgegenkommend gewesen wäre!
Aber auch nach dem Essen schwiegen sich die beiden an, nur Felix beantwortete die Fragen seiner Mutter bezüglich seiner Schule mit einsilbigen Antworten. „Wann hast du denn deine Prüfungen?"
„Nach Pfingsten!"
„Und lernst du bereits?"
„Ja!"
Was sollte er auch sonst sagen? Dass ihm die Schule am A… vorbeiging, seit Eva sich von ihm getrennt hatte?

Aus dem oberen Stockwerk der Wirtschaft dröhnte laute Musik, und Felix wunderte sich, dass er nicht mitbekommen hatte, dass eine Party veranstaltet wurde. Der Wirt lachte laut und meinte: „Keine Party! Heute ist Weiberfasching!"
„Ah!" Felix grinste frech, während er Ray provozierend musterte: „Da brauchst du dir nur ein paar Federn anstecken und schon bist du verkleidet! Huhuhuhuhu!"
„Felix!", schimpfte seine Mutter aufgebracht. „Jetzt habe ich es aber satt!"
Ray erhob sich in einer geschmeidigen Bewegung und kurz dachte Felix, dass er jetzt auf ihn losgehen würde. Aber nichts

geschah. Stattdessen reichte er seiner Frau die Hand und half ihr hoch: „Let´s go!“
Felix lümmelte sich auf die Bank und streckte die Füße unter den Tisch, tat so, als hätte er endlich genügend Platz für sich: „Ich bleibe noch! Vielleicht gehe ich noch in die Bar!“
Ray nickte mit ausdruckslosem Gesicht und verließ mit seiner Frau die Wirtschaft.
Felix ging in den Nebenraum, der wie eine Bar eingerichtet war, und in dem man auch rauchen durfte. Dichter Qualm schlug ihm entgegen, und er drängte sich an einigen hysterischen Damen vorbei, die mit ihren Faschingsgewändern etwas deplaziert wirkten.
Im hinteren Teil des Raumes hockten einige Jugendliche an, mit Biergläsern überladenen niedrigen Tischen, unter ihnen auch Siggi, Sepp und Görne. Sie hatten bereits einiges getrunken und stierten bierselig vor sich hin. Erst als Felix auftauchte, wachte das Interesse wieder auf und sie begrüßten ihn grölend. „Hey, alles klar?“

Felix ließ sich auf einen wackeligen Stuhl plumpsen und schüttelte frustriert den Kopf: „Nichts ist klar!“
„So? Was ist los?“ Neugierig richteten sich die Jugendlichen auf, manche nahmen einen weiteren Schluck aus den Gläsern.
Der Wirt brachte ihm eine Saftschorle, etwas, was ihn tierisch nervte, weil er wohl der einzige Fünfzehnjährige war, der kein Bier bekam. Wahrscheinlich, weil er noch nicht zu den „Einheimischen“ zählte.
„Dieser blöde Kanak!“, erzählte er aufgebracht. „Erst schwängert er meine Mutter, dann will er wieder abhauen!“
„Krass!“, murmelten die anderen voller Mitleid.
„Hättest halt besser auf deine Mutter aufpassen müssen!“, stänkerte Görne.

„Super! Wie soll das gehen? Ich kann sie ja nicht anbinden!“
Frotzelnd steckten die Jungen ihre Köpfe zusammen, fantasierten über Keuschheitsgürtel oder Burgverliese, und fanden jeden noch so unsinnigen Vorschlag furchtbar witzig.
Dann machten sie blöde Bemerkungen über die Kostüme der Frauen, die immer wieder die Bar heimsuchten, um sich von den anstrengenden Tanzeinlagen im oberen Stockwerk zu erholen. Manche sahen ganz knackig aus, andere wirkten einfach nur dämlich.
Anscheinend stand die ganze Veranstaltung unter dem Motto „Rocknacht“ oder was die Damen unter „Rock“ verstanden. Fünfzigjährige Mütter und Omas aufgemotzt wie sechzehnjährige Miezen war für die Jugendlichen ein reichlich ungenießbarer Anblick und lieferte endlos Munition für spöttische Bemerkungen.
Kurz vor Mitternacht beschlossen die Jungen die Bar zu verlassen und noch einen Streifzug durch das Dorf zu machen.
Vielleicht waren ja noch einige Mädchen unterwegs, die man anmachen konnte. Alle klopften Felix gutmütig auf die Schulter und machten ihm Mut, dass er bald eine „Neue“ finden würde.
„Vergiss doch diese blöde Kuh! Die Eva macht doch mit jedem rum!“, versuchten sie Felix zu trösten. Felix biss sich wütend auf die Lippen, denn besser fühlte er sich durch diese Bemerkung wahrlich nicht.
Sie erreichten den Ortsrand und wollten schon in Richtung des Spielplatzes gehen, als sich ihnen eine dunkle Gestalt näherte, die Hände in den Taschen seiner Jacke versenkt.
Felix sog scharf die Luft ein und blieb abwartend stehen. Es war Ray! Wollte der Indianer jetzt ein Hühnchen mit ihm rupfen? Jetzt, da seine Mutter bestimmt längst im Bett war?
„Wer ist‘n das?“, fragte Siggi gewarnt, da er die Reaktion von Felix wahrgenommen hatte.

„Dieser blöde Kanak!“, presste Felix wütend heraus, dann spuckte er voller Verachtung auf den Boden.
Sofort wurde die Front der Jungen breit. Provozierend stellten sie sich dem Indianer in den Weg, fingen an gegen ihn zu stänkern. „Hey, was willst‘n du hier!“
Verwundert blieb Ray einfach stehen, hatte keine Ahnung, was da gerade vor sich ging. Seine Hände steckten locker in den Taschen seiner Jacke und er nickte Felix abwartend zu.
Ehe er noch etwas sagen konnte, griffen ihn zwei Jugendliche von der Seite an und versuchten ihn in den Schwitzkasten zu nehmen: „Du vögelst mit keiner Deutschen mehr rum!“, zischten sie aufgestachelt.
Ray war völlig überrascht, trotzdem schaffte er es noch, seine Hände zu befreien und die beiden von sich wegzuschubsen. Einem weiteren Jungen, der nach ihm greifen wollte, trat er mit seinen Stiefel in den Bauch, sodass dieser stöhnend zu Boden ging.
„Schnappt euch diesen Wichser!“, feuerte Görne die anderen an. Zu sechst gingen die Jungen gegen Ray los und Felix blickte voller Schadenfreude auf die Szene, die sich vor seinen Augen abspielte. Endlich, endlich, bekam dieser aufgeblasene Angeber seine Abreibung!
Zu seinem Erstaunen wehrte sich Ray mit dem Mut der Verzweiflung. Selbst als zwei Jungen ihm die Arme festhielten, trat er noch mit seinen Füßen um sich und kämpfte wie ein verwundetes Tier. Sein Körper bäumte sich gegen die Umklammerung auf, mehrfach versuchte er, sich aus dem Griff der beiden Jungen zu winden.
Alles geschah dabei in völliger Stille, ohne Geschrei und Gejohle, als hätten die Jungen Angst, dass irgendjemand ihr Tun bemerken könnte. Auch von Ray hörte man nur den keuchenden Atem, kein Hilfeschrei kam über seine Lippen.

Schließlich gelang es Sepp, ein Bein des Indianers zu erwischen und Ray verlor das Gleichgewicht. Unter dem kurzen Aufschrei der Jungen ging er zu Boden und zwei schlugen brutal auf ihn ein. Ein weiterer trat mit dem Fuß gegen seine Rippen und zum ersten Mal während der ganzen Attacke stöhnte Ray unterdrückt. Er versuchte, sich auf den Bauch zu drehen, um sein Gesicht und Bauch zu schützen, doch mehrere Hände hinderten ihn daran die Bewegung auszuführen.

Wieder traf ihn eine Faust mit voller Wucht in den Bauch, weitere Schläge trafen ihn am Auge und Nase.

Felix beobachtete, wie Sepp wieder mit seinem Stiefel ausholte, und plötzlich hatte er panische Angst. Niemand würde seine Freunde stoppen, niemand würde Ray zu Hilfe eilen! Warum schrie er nicht? Es waren doch Häuser in der Nähe! Schrei! Schrei doch endlich!

Dann dachte er an seine Mutter. Was würde seine Mutter sagen, wenn er hier stand und zusah, wie ihr Freund verprügelt wurde! Sie würde weinen! Oh Gott! Wahrscheinlich würde sie nie wieder mit ihm reden! Er stellte sich ihre traurigen Augen vor, ihr Entsetzen, was aus ihrem Sohn geworden war und das schlechte Gewissen nagte in ihm. Was hatte er nur angerichtet?

„Hört auf!“, flüsterte er heiser vor Entsetzen.

Sepps Stiefel traf Ray wieder in die Rippen und dieser krümmte sich vor Schmerzen.

„Hört auf!“, brüllte Felix mit überschnappender Stimme.

Nur langsam erreichten seine Worte den vom Alkohol benebelten Verstand der anderen.

„Was?“, fragten sie irritiert.

„Hört auf, ihr blöden Deppen! Er ist doch gar kein Kanak!“, brüllte Felix verzweifelt. „Lasst ihn los!“

„Wieso? Du hast doch selbst gesagt, dass er ein Kanak ist!“

„Ach! Scheiße! Er ist ein Indianer! Lasst ihn endlich los!“

Vollkommen verwirrt ließen die Jungen von dem am Boden liegenden Mann ab und stellten sich betroffen um ihn herum.
„Wieso ist der plötzlich ein Indianer?"
Felix kniete sich neben Ray, der sich stöhnend zusammen krümmte und ihn wütend wegschubste: „Fuck! Go away!"
„Ray! Bitte! Es tut mir leid! Es ist alles meine Schuld! Bitte, ich bring dich nach Hause!"
Ray richtete sich etwas auf und tastete nach seiner blutenden Nase: „I can't go home like this! Your mum will cry!" So kann ich nicht nach Hause! Deine Mutter wird weinen!
Siggi fand als erster seine Sprache wieder: "Mann, den haben wir aber ganz schön zugerichtet! Wieso sagst du uns nicht, dass er ein Indianer ist?"
Felix wischte sich über das Gesicht und richtete sich auf: „Wieso ist das wichtig? Wo ist der Unterschied? Es ist doch völlig egal, ob er nun ein Kanak oder ein Indianer ist! Ihr mit eurem blöden Hitlerscheiß!"
Verlegen standen die Jungen um ihn herum und zuckten die Schultern: „Du hast uns ja gegen ihn aufgehetzt! Du hast doch immer von dem Kanaken in deinem Haus erzählt!"
„Ist das ein Grund, jemandem zu verprügeln?", brüllte Felix verzweifelt. „Ich war halt sauer auf meine Mutter, weil sie wieder einen anderen hat!"
„Mann!", murmelten die anderen betroffen. „Jetzt sitzen wir aber ganz schön in der Klemme! Was machen wir denn jetzt? Sollen wir einen Krankenwagen rufen?"
Felix packte Ray am Arm und versuchte ihn aufzuhelfen: „Helft mir mal! Wir müssen ihn ja irgendwie nach Hause bringen!"

Zu seiner Überraschung ließ Ray sich nun von ihm anfassen, richtete sich stöhnend auf und hielt sich schwankend an Felix fest, mühsam um sein Gleichgewicht kämpfend.

„Fuck!“, murmelte er betroffen und wischte mit seinem Handrücken über seine blutende Nase.
„Von welchem Stamm ist er überhaupt, ich meine, wenn er ein Indianer ist?“, erkundigte sich Görne, hatte ganz vergessen, dass er den Fremden noch vor einigen Minuten fast tot geprügelt hatte.
„Sioux!“, erklärte Felix knapp.
„Geil!“, meinte Görne bewundernd. „Der kann ganz schön kämpfen!“
Erst jetzt erkannte Felix, dass auch Ray bei den Jungen einigen Schaden angerichtet hatte. Zwei Anoraks waren an den Ärmeln eingerissen, ein Junge hielt sich immer noch den Bauch, ein anderer rieb sein schmerzendes Schienbein.
Ray stützte sich auf Felix, immer noch wütend, und schüttelte indigniert seinen Kopf: „What a fight! Are you nuts, or what?“ Was für ein Kampf! Seid ihr total verrückt?
„Wir sollten uns irgendwo waschen, damit Mami uns so nicht sieht!“, meinte Felix mit schlechtem Gewissen.
„Gute Idee! Aber wo?“
„Wir gehen zum Wirt zurück, da ist ein Klo!“
„Okay!“, murmelte Ray, dann warf er den anderen Jungen einen misstrauischen Blick zu. „Ist das deine Gang?“
Felix schniefte ein wenig: „So ähnlich! Ich habe ihnen erzählt, dass du der Lover meiner Mutter bist!“ Er machte eine kurze Pause, dann fügte er hinzu: „Und dass es mir nicht Recht ist!“
„Oh!“, nickte Ray mit seinem Kopf. „Gute Freunde!“
Gemeinsam humpelten die Jungen zu der Wirtschaft zurück, Ray in ihrer Mitte, der stöhnend die Hand auf seine Rippen presste.
„Mist, wenn der nun die Polizei ruft?“, befürchtete Siggi nicht ganz zu unrecht.
„Mensch, dann kriege ich Ärger mit meinen Eltern!“, prophezeite Görne, dachte vielleicht zum ersten Mal an sein biederes Elternhaus.

Felix grunzte verärgert: „Das habt ihr nun von dieser Hitlerscheiße! Ausländer raus, und so einen Mist!“
„Du hast ja genauso mitgemacht! Wer hat uns denn von diesem Kanaken in seinem Haus erzählt?“
„Ja, aber nur, weil ihr so drauf seid, mit euren Deutschlandliedern und so!“, versuchte Felix sich zu verteidigen.
Vorsichtig halfen sie Ray in das Wirtshaus und der Wirt bekam runde Augen, als er die Gruppe sah: „Was ist denn mit euch passiert?“
„Kleine Auseinandersetzung!“, erzählte Felix beiläufig.
Ray schleppte sich in das Männerklo und zog seinen Anorak aus. Wortlos drückte er Felix das verschmutzte Ding in die Hand, zeigte mit seinen Lippen an, dass er die Blutflecken heraus waschen sollte.
Dann blickte Ray in den Spiegel und stöhnte erneut: „Your mum will cry!“
Der Wirt brachte ihm einen ganzen Stoß Papier, damit er seine Nase kühlen konnte, anschließend brachte er einen Stuhl, damit Ray sich setzen konnte.
Tatenlos standen die Jungen um ihn herum, überfüllten die Toilette restlos. „Jetzt geht mal raus hier! Er bekommt ja gar keine Luft!“, schickte der Wirt die Jungen hinaus. „Setzt euch in die Stube!“
Wortlos verließen die Jungen den Raum, nur Felix blieb bei Ray und sah zu, wie dieser nach seinen Rippen tastete. „Sind sie gebrochen?“, fragte er leise.
„Nein, nur geprellt! Die Jacke hat einiges abgehalten!“
Ein kurzes Schweigen entstand, als Ray das Papier gegen seine blutende Nase hielt und darauf wartete, dass es aufhörte.
Felix hielt die Jacke unter fließendes Wasser und bemerkte beruhigt, wie das Blut sich langsam entfernte.
„Gehen die Flecken raus?“, fragte Ray.

Seine Stimme war neutral, ohne jede Emotion.
„Ja!"
Schweigen.
„Willst du mit mir darüber sprechen?", bot der Indianer nach einer Weile an, meinte damit natürlich den Vorfall, der gerade passiert war.

Felix sank in sich zusammen und wieder konnte er nur mit Mühe die Tränen zurückhalten. So viele Gedanken wirbelten in seinem Kopf herum, so viel Wut und Hass!
„Ich will nicht, dass meine Mutter traurig ist!", presste er hervor.
„Okay!", nickte Ray mit seinem Kopf. „Das will ich auch nicht!"
„Warum willst du sie dann verlassen?"
Ray lachte leise, dann seufzte er laut: „Ich will sie nicht verlassen! Ich will, dass sie mit mir kommt!"
„Was?" Irritiert schaute Felix den Indianer an, verstand die Welt nicht mehr.
„Ja, ich gehöre nicht in diese Welt, und ich will nicht, dass meine Tochter hier aufwächst! Ich möchte zurück! Mit deiner Mutter!"
Felix schüttelte verwundert den Kopf: „Ja, aber, warum streitet ihr euch dann?"
Ray gluckste amüsiert: „Ich streite mich nicht mit ihr! Sie streitet mit mir! Weißt du, sie ist eine weiße Frau! Und es fällt ihr schwer hier alles zu verlassen. Außerdem hat sie noch dich!"
„Mich?"
„Ja, sie möchte, dass du deine Schule beendest. Das ist ihr wichtig!"
Felix zuckte zusammen: „Ach, bin ich der Grund für eure Streitereien?"
„Wir streiten uns nicht.", wiederholte Ray ruhig. „Du hast nur Angst, dass wir uns streiten könnten und dass ich deine Mutter verlasse, so wie es dein Vater schon vorher getan hat!"

Felix trafen diese Worte wie ein Schlag in den Bauch. Ray hatte Recht! Im Grunde hatte der Indianer gerade die Prügel bezogen, die eigentlich sein Vater verdient hätte.
Schniefend wischte sich Felix über das Gesicht, hatte plötzlich Mühe zu atmen, als all die Trauer und Wut darüber, dass sein Vater sie verlassen hatte, in ihm hochstieg. „Oh shit!", stöhnte er. „Noch mal übersteht meine Mutter das nicht! Das kannst du ihr nicht antun!"
„Feliks!", mahnte Ray sanft. Bei ihm klang das „Felix" irgendwie weicher, angenehmer.
„Ich bin nicht wie dein Vater! Ich habe nicht vor, deine Mutter zu verlassen! Wir lieben uns!"
„Aber…? Wieso redet ihr dann immer davon, dass du wieder nach Hause möchtest! Und wieso ist Mama dann so traurig?"

Ray lehnte sich etwas zurück und dachte darüber nach. „Sie ist traurig, weil sie nicht weiß, was dann mit dir ist!"
Felix war so verblüfft, dass er mit offenem Mund dastand.
„Wegen mir?", fragte er ungläubig.
Ray warf das blutige Papier in den Müll und griff nach seiner Jacke: „Wollen wir noch ein Bier trinken und darüber reden?"
„Jetzt?", wunderte sich Felix, denn es war bereits weit nach Mitternacht.
„Jetzt!", lächelte Ray und reichte ihm die Hand, damit Felix ihn hochzog.
Felix stand da wie vom Donner gerührt. Eben noch war Ray auf das Übelste zusammen gedroschen worden und nun bot er ihm die Hand an? War er nicht mehr wütend auf ihn?
„Von mir aus!", zögernd griff Felix nach der dargebotenen Hand und zog Ray in eine aufrechte Position. Stöhnend stützte Ray sich an den beige-gelben Kacheln ab, schwankte kurz, dann fand er sein Gleichgewicht. „Hokahey!", murmelte er leise.

„Es tut mir so leid!“, entschuldigte sich Felix mit schlechtem Gewissen, fühlte wieder diesen verräterischen Knoten in seinem Hals. Aber er wollte nicht weinen! Nicht hier, nicht jetzt, nicht vor diesem Indianer!
„Geht es dir jetzt besser?“, fragte Ray leise.
Vollkommen fassungslos schaute Felix auf seinen Stiefvater und runzelte die Stirn: „Besser?“
„Manchmal ist es gut, wenn man etwas Dampf ablassen kann!“, erklärte Ray.
Um Felix Selbstbeherrschung war es geschehen. Ein trockenes Schluchzen stieg in ihm auf, eine wahre Welle der Trauer, Wut und Verzweiflung. „Oh verflixt! Aber doch nicht am Falschen!“, entfuhr es ihm.
„Komm her! Manchmal ist es eben nötig!“, meinte Ray mit einem Lächeln. Dann drückte er Felix fest an sich. „Wir schaffen das schon! Du gehörst jetzt zu meiner Familie! Zu meinem Tioschpaye!“ Seine Stimme war tief und angenehm, wirkte heilsam und tröstend.
Felix war so überwältigt, dass er die Tränen hemmungslos laufen ließ und sich an Ray festklammerte wie ein Ertrinkender. „Ich wollte dir gar nicht wehtun! Ich wollte es gar nicht!“, heulte er immer wieder.
„Du musstest!“, flüsterte Ray eindringlich. „Du musstest! Nur so kannst du dich von den Geistern der Vergangenheit lösen! Junge, alles ist okay!“
Felix schluchzte vor Erleichterung: „Bis auf deine blauen Flecken! Oh Gott! Es tut mir so leid!“
„Ja, da brauche ich noch eine gute Erklärung für deine Mutter!“, gluckste Ray amüsiert. „Aber jetzt lass uns ein Bier trinken!“
Sie wankten humpelnd in die Stube und der Wirt stellte unaufgefordert zwei Bier auf den Tisch: „Auf meine Kosten!“, meinte er mit einem Zwinkern.

„Good!“, brummte Ray, dann nahm er einen tiefen Schluck. Felix wischte sich über seine Augen, schämte sich auch vor seinen Freunden nicht Gefühle zu zeigen oder vielleicht war es ihm einfach gleichgültig. Es dauerte eine Weile, bis er sich wieder im Griff hatte und ebenfalls einen Schluck nahm. Er spürte ein angenehmes Kribbeln in seinem Bauch, fühlte, wie die Hitze ihm ins Gesicht stieg.

Kurz ließ er seinen Blick auf seinen Freunden ruhen, die mit sichtlich schlechtem Gewissen an einem anderen Tisch saßen und kaum wagten zu ihnen hinüber zu schauen. „Ich will noch ein bisschen mit Ray reden!“, signalisierte er ihnen.

„Ist mit ihm alles in Ordnung?“, erkundigten sie sich betreten.

„Ich glaube schon!“

Erleichtert sprangen die Jungen auf, versuchten sich gleichzeitig durch die Tür zu drücken, was natürlich nicht möglich war.

Ray lachte dunkel und winkte sie zu sich heran. „I‘m Ray! A Sioux Indian from South Dakota!“, stellte er sich vor.

Vollkommen verdutzt standen die Jungen da, dann stellten sie sich einzeln vor: „Ich bin Siggi...!“

„Und ich Görne...!“

„Nice to meet you!“, lächelte Ray freundlich und erntete ein erleichtertes Gelächter.

Bewundernd wandten sich alle Felix: „Hey, dein Stiefvater ist aber cool!“

Stiefvater! Erst jetzt realisierte Felix die neue Familienbeziehung. Aber ein indianischer Stiefvater war auf jeden Fall besser, als ein geschiedener Vater! „Der hat ganz schön was drauf!“, murmelte Siggi bewundernd.

„Gute Nacht!“, verabschiedeten sich die Jungen und verschwanden nun in einem geordneten Rückzug, mehr als erleichtert, dass alles so glimpflich für sie verlaufen war.

Ray nahm einen weiteren Schluck und zwinkerte vergnügt mit einem Auge: „Nice guys!“ Nette Jungen!
Felix lächelte zurück, dann saßen sie sich wieder schweigend gegenüber.
Ray schloss kurz die Augen, ließ seinen Kopf nach hinten sinken, atmete ruhig und gleichmäßig.
In Felix dagegen rumorte es, all die letzten Wochen zogen in seinem Kopf vorbei. Die neue Schule, der Krach mit Eva, der neue Ehemann seiner Mutter, das Baby…

Ray ließ ihm Zeit seine Gedanken zu ordnen, lehnte entspannt an der gekalkten Wand und wartete darauf, dass Felix von sich aus das Gespräch begann.
„Ich hatte so eine Wut auf dich!“, begann Felix schließlich offen und ehrlich.
„Ich weiß!“, bestätigte Ray.
„Ihr hättet es mir sagen müssen! Ich meine, dass ihr verheiratet seid!“
Ray schüttelte leicht mit seinem Kopf: „Das hätte nichts an deiner Wut geändert!“
Felix senkte den Blick und dachte darüber nach. Wahrscheinlich nicht! „Wie würdest du reagieren, wenn deine Mutter plötzlich mit einem neuen Typen auftaucht?“
Ray grinste breit und zuckte mit seinen Schultern: „Es ist ihre Entscheidung!“
„Na super!“, maulte Felix beleidigt.
„Die Frage ist, wie du damit umgehst!“
„Wie meinst du das?“
Ray machte eine kreisende Bewegung mit seiner Hand: „Nun, alles ist nun anders! Auch für dich! Deine Mutter ist mit mir verheiratet! Bald kommt ein Baby und deine Mutter wird mit mir nach Amerika gehen! Du wirst eine Entscheidung treffen müssen!“

Felix schluckte schwer, fühlte sich plötzlich allein und im Stich gelassen. Würde er nun auch noch seine Mutter verlieren? „Steht das schon fest?“, fragte er mit belegter Stimme.
„Ja!“, erklärte Ray knapp.
„Wie willst du sie dort überhaupt ernähren?“, forderte Felix den Indianer heraus, eine klare Anspielung darauf, dass er ihn für einen Habenichts hielt. Ray faltete seine Hände und blickte ihn ruhig in die Augen: „Ich habe meine Musik und eine Ranch! Ich will meine Rinder und Pferde nicht länger alleine lassen! Ich kann durchaus für meine Familie sorgen!“
„Worauf wartet ihr dann noch! Wenn es euch so wichtig ist, endlich abzuhauen!“ Da war es wieder! Seine Art ständig zu provozieren!
„Deine Mutter will dich nicht im Stich lassen! Wenn du deine Schule geschafft hast, bist du frei in deiner Entscheidung! Dann kannst du dir überlegen, ob du bei deinem Vater bleibst oder mit uns gehst!“
Felix schnaubte ungläubig. „Ich ziehe doch nicht auf eine Farm!“
Ray hob die Hände und schon leicht die Lippen vor: „Das ist deine Entscheidung! Aber für deine Mutter ist es nicht leicht. Sie möchte dich nicht verlieren!“
„Sie hätte ja keinen Cowboy heiraten müssen!“, lästerte Felix.
Ray hob seine Hände und blickte an sich herunter, dann schaute er Felix herausfordernd an: „Nun, das bin ich! Ein Cowboy oder noch schlimmer, ein Indianer! Ich kann dir nur einen Platz in meinem Haus und in meinem Herzen anbieten, aber es ist deine Entscheidung, ob du es annimmst.“
Felix war sprachlos, denn er erkannte, dass Ray ihm gerade ein großzügiges Angebot machte.
Er wusste, dass er kompliziert war, schwierig und nervtötend, aber dieser Indianer nahm ihn trotzdem in seine Familie auf,

einfach so, ohne Vorbehalte und Bedingungen. Felix schluckte schwer und lehnte seinen Kopf gegen die kühle Wand. Seine Entscheidung! Er hatte keine Ahnung, was er jetzt sagen sollte.
„Und deshalb ist Mami traurig?“, fragte er leise.
„Nein! Ich denke, dass sie weiß, dass du deinen Weg selbst finden musst. Sie ist traurig, weil du mir keine Chance gibst.“
„Mann!“, zischte Felix ungehalten. „Keine Chance! Ich hätte dich am liebsten in den Boden gestampft!“
„Heute hast du es fast getan.“, bestätigte Ray. „Warum hast du nicht zugetreten? Ich habe gesehen, dass du es wolltest!“
„Stimmt!“, gab Felix unumwunden zu. „Aber dann hätte ich bei meiner Mutter endgültig verspielt!“
„Willst du mich immer noch schlagen? Dann sollten wir das vielleicht endgültig klären! Ich habe deine Provokationen satt!“
Felix grinste zufrieden: „Also habe ich dich provoziert? Ich dachte schon, dass ich dich nie aus der Reserve locke!“

Ray zog die Augenbrauen zusammen und musterte den Jugendlichen vor sich: „Ja! Doch es ist nicht unsere Art auf Provokationen zu reagieren.“
„Sehr schade.“, brummte Felix.
„Das hätte dir geholfen, was? Wenn du deine Spielchen mit mir hättest spielen können?“
Felix atmete tief ein und nickte ehrlich mit seinem Kopf: „Ja, ich hatte eine Wut auf alles und jeden in mir drin!“
„Und ich wollte nicht dein Punchingball sein.“
„Sehr schade!“
„Und? Willst du mich immer noch schlagen?“, wiederholte Ray seine Frage.
Felix kicherte gut gelaunt: „Klar, wir können ja mal boxen!“
„Boxen?“, stöhnte Ray zum Schein. „Erst, wenn meine Rippen wieder heil sind!“

Schweigen entstand, und die beiden saßen sich einfach gegenüber. Der Junge und der Indianer. Felix konnte sehen, dass dessen linkes Auge bereits anschwoll, und seufzte tief. Seine Mutter würde richtig wütend sein!
Würde der Indianer ihn verpetzen? Erzählen, dass es seine Freunde gewesen sind, die ihn verprügelt hatten?
Auch egal! Er hatte es verbockt, also musste er auch dafür gerade stehen! Aus der Traum mit Amerika! Niemals würde seine Mutter ihn nach dieser Aktion mitnehmen! Einen Schläger! Einen Rassisten!
Ray trank das Glas leer und wischte sich den Schaum von dem Mund, dann schmunzelte er verschwörerisch: „Ich habe keine Ahnung, wie spät es ist, aber Jenny wird mir sicherlich die Hölle heiß machen! Wir sollten nach Hause gehen!"
Felix drehte sein Glas in den Händen und lauschte auf den Glockenschlag der Kirchturmuhr. Dreimal! Also war es wahrscheinlich dreiviertel eins, außer, er saß hier schon seit Stunden und hatte jeden Überblick verloren.
„Dreiviertel eins!", meinte er schwermütig.
Ray hob die Augenbrauen und sah sich nach einer Uhr in der Wirtschaft um. Natürlich hing dort keine, und so wandte er sich verwundert an Felix: „Woher willst du das so genau wissen?"
„Na, an dem Glockenschlag!"
Ray verstand kein Wort. „Wieso an dem Glockenschlag?"
„Na, die Kirchturmuhr sagt dir, wie spät es ist! Ein Schlag für jede Viertelstunde und dann kommen die dumpfen Schläge, die dir die Stunde sagen." Felix sagte es mit neutraler Stimme, wie ein Fremdenführer einem Touristen etwas erklären würde. Er war nicht mehr wütend auf Ray, sondern nur noch unendlich traurig.
Ray kicherte ungehalten los, konnte über dieses seltsame Land nur noch den Kopf schütteln. „Bei uns läuten die Glocken nur,

wenn sie die Menschen in die Kirche rufen.“, erklärte er glucksend. „Oh, ihr Waschitschus seid schon sehr seltsam!“
„Was sind denn Wachitschus?“, fragte Felix seltsam berührt. Wieso war Ray nicht sauer auf ihn, nicht wütend?
Wie konnte er nach diesem Vorfall noch lachen oder nette Bemerkungen machen?
„Hohch! Das sind die Weißen, die uns selbst noch das Fett in der Suppe wegnehmen!“
„Aha!“, nickte Felix mit seinem Kopf. „Und wieso heiratest du dann ausgerechnet eine Waschitschu?“
Ray lächelte sanft. „Jenny ist anders! Sie gibt zurück! Und sie teilt mit uns! Ihre Haut ist vielleicht weiß, aber ihr Herz ist rot!“
„Was für ein Blödsinn!“, knurrte Felix ungehalten. „Meine Mutter ist eine ganz normale weiße Frau! Sie ist bloß auf diesem Indianertrip! Warte nur ab! Irgendwann hat sie es satt und dann sucht sie sich ein neues Hobby!“
Rays Lippen wurden schmal, dann machte er eine auffordernde Bewegung mit seinem Kopf: „Lass uns gehen!“
„Mann, dich bringt aber auch nichts aus der Ruhe!“, schimpfte Felix etwas ungehalten.
„Wozu auch?“, wunderte sich Ray. „Wenn eine Frau gehen will, dann kannst du sie durch nichts aufhalten.“
„So, ist das deine Erklärung dafür, dass du bereits zwei Frauen sitzen gelassen hast?“
Ray schluckte schwer und funkelte ihn betroffen an: „Wie kommst du darauf?“
„Na, du hast doch erzählt, dass du bereits zweimal verheiratet gewesen bist!“
„Stimmt!“, meinte Ray. „Aber ich habe meine Frauen nicht verlassen.“
„Aha! Sondern du hast sie gehen lassen?!“, feixte Felix.
Ray senkte seinen Blick und dachte über eine Antwort nach,

beziehungsweise, ob er überhaupt antworten sollte. Dann hob er den Blick wieder und blickte Felix fest in die Augen: „Ich sage dir dies, weil du nun mein Sohn bist! Nur deshalb! Ich schulde dir keine Erklärung! Damit das klar ist! Aber ich will nicht, dass du wegen deiner Mutter Angst hast."
Wieder atmete er tief ein, dann fuhr er mit leiser Stimme fort: „Meine erste Frau starb an Krebs! Und ich blieb mit zwei kleinen Kindern allein! Dann lernte ich meine zweite Frau kennen, doch sie ging vor einiger Zeit mit einem anderen Mann fort. So ist das halt! Du kannst eine Frau nicht aufhalten, wenn sie nicht will!"
„Und wo leben deine Kinder?"
Ray lachte freundlich: „Zwei sind bereits außer Haus. Zwei leben bei meiner Frau und eine Tochter lebt bei mir. Sie versorgt im Moment die Ranch."

Die beiden verließen das Wirtshaus, schlängelten sich an einigen hysterischen Frauen vorbei, die reichlich angetrunken den Weiberfasching ausklingen ließen.
Ray keuchte ein wenig und drückte mit seiner Hand gegen die schmerzenden Rippen.
„Vielleicht solltest du lieber zum Arzt gehen?", meinte Felix besorgt.
„Nein! Es ist nicht so schlimm. Mehr Sorgen mache ich mir, wie ich das deiner Mutter erkläre!"
„Oh!", Felix senkte betreten den Kopf.
Wieder schlug die Kirchturmuhr und Ray zählte im Geist die Schläge mit. Vier helle Schläge, dann ein dumpfer. Ein Uhr! Was für ein verrücktes Land!

Döner und Ketchup

Auf ihrem Weg nach Hause humpelte Ray schwer und stützte sich dabei auf Felix. Das Schweigen berührte Felix unangenehm, ließ wieder nagende Gedanken in ihm hochsteigen. Was sollte aus ihm werden, wenn seine Mutter nach Amerika ging? Musste er dann zu seinem Vater ziehen?

Oder meinte es Ray ernst, dass auch er mitgehen konnte? Nachdem, was gerade geschehen war? Wie war Amerika überhaupt?

Einige Häuser vor ihnen schlüpfte eine Frau kichernd durch ihre Haustür, blieb mit ihrem Tüll fast in der Tür hängen.

Felix schüttelte den Kopf und wandte sich an Ray: „Gibt es bei euch in Amerika auch einen Karneval?"

Es war der schüchterne Versuch das Schweigen zu durchbrechen und vielleicht etwas über den Mann seiner Mutter in Erfahrung zu bringen.

„No, wir haben Halloween oder bei uns auf der Rez veranstalten wir Powwows!"

„Was ist 'n eine Rez? Und ein Powwow?"

„Rez ist das Land, das uns die Vereinigten Staaten nach ihrem Ausrottungskrieg gegen uns überlassen haben! Und ein Powwow ist ein Tanzfest, bei dem wir wieder unsere indianische Kleidung tragen!"

„So richtig mit Federn, und allem drum und dran?"

„Ja!", feixte Ray. „So richtig mit Federn und Fransen!"

„Echt? Hast du auch so ein Kostüm?"

Ray schnaubte ungehalten und blieb kurz stehen. „Ich habe kein Kostüm! So etwas nennt man Regalia! Es dauert ziemlich lange, bis man so ein Outfit fertig hat."

„Und dann tanzt du mit Federschmuck, und so?"

„Ja! Ich tanze Fancy und Hoop-Dance!"

„Hoola-Hoop Tanz? Wie ein Mädchen? So mit einem Reifen?“, kicherte Felix ungehalten.
Ray nickte mit dem Kopf und grinste schief: „Genau! Aber ich tanze mit sechzehn Reifen!“
„Gleichzeitig? Wie hältst du denn die Dinger in Bewegung?“
Ray lachte breit: „Übung! Ich forme mit den Reifen bestimmte Figuren. Zum Beispiel einen Adler, der fliegt, oder die Weltkugel. Der Tanz ist sehr anstrengend. Ich kann es dir ja mal zeigen.“
„Hmh!“ Felix war nicht so ganz überzeugt.
Er zog Ray die letzten Schritte zu seiner Haustür und steckte leise den Schlüssel ins Schloss. Ehe er den Schlüssel umdrehen konnte, wurde bereits die Tür aufgerissen, und seine Mutter schaute sie vorwurfsvoll an: „Wo seid ihr denn gewesen?“
Ray riss verblüfft die Augen auf, drückte sich wortlos an ihr vorbei. Nur Felix bequemte sich zu einer Antwort. „Wir waren noch ein Bier trinken!“
„Du?!“ Sie wollte schon zu einer Standpauke ausholen, als sie entsetzt die Luft anhielt und auf ihren reichlich ramponierten Mann blickte. „Wie siehst du denn aus?“
„Wir haben ein bisschen geboxt!“, erklärte Felix leichthin.
„Geboxt? Sagt mal, brennt euch der Hut?“
Felix schluckte schwer und half Ray in das Wohnzimmer. Gleich würde es ein Donnerwetter geben!
Ray schlüpfte vorsichtig aus seinem Anorak, dann sank er stöhnend auf dem Sofa zusammen. Seine Hand drückte gegen seine schmerzenden Rippen, und irgendwie wirkte er plötzlich müde und erschöpft. Seine Frau zog das T-Shirt hoch und untersuchte die deutliche Schwellung. „Geboxt?“, fragte sie ungläubig.
„Na ja, ich hatte eine weniger freundliche Begegnung mit ein paar von Felix Freunden!“, gab Ray zu.
„Felix!“ deutlich war der Vorwurf in der Stimme seiner Mutter zu hören.

Felix zuckte herausfordernd die Schultern und ließ seine Hände in den Hosentaschen verschwinden. „Ich habe dir ja erzählt, wie die Leute hier drauf sind! Von wegen Ausländer und so!“
„Erzähl mir doch nicht so einen Quatsch!“, fauchte seine Mutter ungehalten. „Hier verprügelt doch niemand einen Ausländer!“
Felix biss sich auf die Lippen und blieb still. Und wenn doch? Oder hatte er wirklich so lange gegen den angeblichen Kanaken in seinem Haus gehetzt und damit das Ganze herausgefordert?
„Ist schon okay! Wir haben die Sache geregelt!“, mischte sich Ray ein.
Jennifer Two-Knives verschwand in der Küche und kehrte mit einem Tuch zurück. „Hier, ein Arnikaumschlag hilft gegen die Schwellung!“
Ray schnurrte wie eine Katze und blinzelte vergnügt. „Hokahey! Ich fühle mich, als käme ich gerade von einem Kriegszug zurück!“
„Sehr witzig! Wieso hat dann Felix keine blauen Flecken?“
„Na, ich war sieben Jahre im Aikido! Der kommt ja gar nicht an mich heran!“, gab Felix an.
Mit einem Satz war Ray wieder auf den Beinen, packte den vollkommen überraschten Felix am Kopf und nahm ihn in den Schwitzkasten. Mit seiner Faust täuschte er einige Schläge gegen Felix Rippen an, dabei knurrte er drohend: „Wer kommt hier gegen wen nicht an?“
„Uh, ah!“, keuchte Felix erschrocken. „War doch nur ein Scherz!“
Genauso unerwartet ließ Ray ihn wieder los. Freundschaftlich klopfte er ihm auf die Schulter. „Ach so!“
Wieder ließ sich Ray auf das Sofa plumpsen und drückte den Umschlag gegen seine Rippen.
Jennifer tippte sich gegen die Stirn, konnte die ganze Situation nicht einschätzen: „Ich glaube, ihr habt beide zu viele männliche

Hormone! Ich werde euch einen Boxsack kaufen, an dem ihr eure Aggressionen abbauen könnt."
„Gute Idee!", grinste Felix.
„Gute Idee!", wiederholte Ray.
Jennifer setzte sich neben ihren Ehemann und tupfte behutsam eine Tinktur auf die verräterischen Schwellungen. Zärtlich strich sie über seine Wange, tastete etwas höher und berührte sein linkes Auge, das ebenfalls rötlich anschwoll. Sie beugte sich hinunter und küsste es behutsam: „Und hier hast du auch etwas abbekommen?"
Felix schluckte schwer, denn es war tatsächlich das erste Mal, dass die beiden vor ihm Zärtlichkeiten miteinander austauschten. Vor ihm! Es war seltsam, ungewohnt, irgendwie fremd, vor allen Dingen, weil seine Mutter es mit jemandem tat, der nicht sein Vater war. Ray packte seine Frau und zog sie zu sich auf das Sofa. Dann strich er besitzergreifend über ihren Bauch: „Hey, Baby!"

Felix verdrückte sich lieber, hatte das Gefühl, dass die beiden jetzt lieber allein sein wollten. Er warf sich auf sein Bett und dachte über den Abend nach. Gut, dass er morgen nicht in die Schule musste, denn er fürchtete sich vor den neugierigen Fragen seiner Mitschüler. Er hatte keine Lust, ihnen etwas von der Ehe seiner Mutter zu erzählen oder, dass sie ein Baby erwartete. In ihrem Alter!
Gegen Mittag wurde er von seiner Mutter geweckt, die ihm eröffnete, dass zwei Freunde vor der Tür warteten.
Verschlafen tapste er barfuss die Treppe hinunter, dann grunzte er unwillig, als er Siggi und Görne erblickte.
„Ich muss mich erst stylen!", brummte er unwillig, ließ sie aber in den Flur treten. „Rührt euch nicht vom Fleck, ich komme gleich!"

Felix verschwand ins Bad und strich sich durch die Haare. Mit etwas Wasser brachte er sie in Form, dann spritzte er sich eine Hand voll ins Gesicht, um endlich aufzuwachen. Er schlüpfte in eine Trainingshose und ein T-Shirt, musterte kurz sein Erscheinungsbild und befand es für Freundesbesuch als angemessen. Nicht für ein Mädchen, aber für Görne und Siggi musste es reichen!

Immer noch barfuß hüpfte er die Treppe hinunter und wunderte sich, wo seine Freunde hin verschwunden waren. Sie hockten bei Ray im Wohnzimmer, der ihnen etwas auf seiner Gitarre vorspielte! Mist! Verdammter Mist!

„Komm her!“, rief Ray gut gelaunt. „Ich schreibe gerade ein neues Lied! Über Deutschland!“ Er grinste frech und zupfte einige schnelle Rhythmen. Es ging ihm offensichtlich besser, obwohl sein Auge bläulich schimmerte.

„Ein neues Lied?“, fragte Felix. Er hatte gar nicht gewusst, dass Ray auch komponierte!

„Ja! Ich wollte mal deine Meinung hören!“

Felix lauschte auf den englischen Text und seine Augen wurden rund vor Überraschung. Das Lied rechnete schonungslos mit all den Kleinigkeiten ab, die ein Indianer in Deutschland seltsam finden würde:

Die Dönerbude an jeder Ecke, die Geldautomaten in jedem Kuhkaff, die eingezäunten Gärten und die nackten Mädchen, die einem auf allen Zeitungen ins Auge stachen.

Ray sang von Kirchturmuhren, die die Zeit angeben, und von Restaurants, die zwar Wasserschüsseln für Hunde, aber keine Hochstühle für Kinder haben.

Er schimpfte über McDonalds in Germany, wo man den Ketchup extra bezahlen muss, oder von Umkleidekabinen bei Wöhrl, wo die Verkäuferin einfach den Vorhang öffnet, um nach ihren

Kunden zu sehen. Das Lied war spritzig und frech, auf lustige Weise entlarvend und witzig.
Felix kicherte amüsiert und hörte auf die letzte Strophe, in der es darum ging, dass ein Indianer Prügel bezog, weil er all diese Dinge nicht wusste.
Schweigen entstand, dann lachten alle etwas verlegen. „Ich hoffe, du veröffentlichst dieses Lied nicht!"
Ray lachte ungezwungen und legte seine Gitarre auf die Seite. „Warum nicht? Nichts als die Wahrheit!"
„Dir scheint es ja schon wieder gut zu gehen!", brummte Felix indigniert. „Wo hast du überhaupt gelernt, so zu kämpfen?"
„Bei der Armee!", erklärte Ray. „Als Indianer hast du sonst keine Chance! In den Reservationen gibt es kaum Arbeit, also gehen viele junge Leute zur Armee!"
„Du warst bei der Armee?", fragte Felix verblüfft.
„Yep! Bei Desert Storm, im Irakkrieg!"
„Du hast im Irak gekämpft? So richtig mit Gewehr und so?" Ehrliche Bewunderung schwang in Felix Stimme mit.
Ray kniff die Augen zusammen und musterte ihn abschätzend: „Ja! Findest du das cool?"
Felix nickte mit glänzenden Augen, stellte sich vor, wie er selbst so mit der Knarre in der Hand durch den Wüstensand robbte. In echt, und nicht nur in der Scheinwelt der X-Box.

Ray dagegen wurde ernst. „Junge! Nichts, aber auch rein gar nichts ist toll, wenn du auf Menschen schießen musst oder zusiehst, wie deine Freunde durch einen Sprengstoffanschlag verrecken!"
Felix runzelte die Stirn, hörte die unterdrückte Trauer in der Stimme von Ray. „Hast du Freunde im Irak verloren?"
Ray nickte traurig: „Ja! Wir Indianer kämpfen immer an der vordersten Front! Wir sind gutes Kanonenfutter! Jetzt kämpfe ich

nur noch für mein Volk. Für unsere Rechte, unsere Bedürfnisse und unser Land!“

Schweigen entstand. Felix musterte den Indianer, der verteufelt jung aussah. Aber wenn er bereits im ersten Irakkrieg gekämpft hatte und schon erwachsene Kinder hatte, dann konnte er gar nicht mehr so jung sein!

„Bist du verletzt worden?“, fragte er neugierig.

Ray tippte auf seine Schulter: „Hier! Ich bin fast tot gewesen. Sie haben mich nach Hause geschickt und mir eine kleine Rente gezahlt. Es hat für die Ranch gereicht. Jetzt zahlen sie mir nichts mehr, weil ich ein Aktivist bin. Unbequem! Ein Landesverräter! Weil ich die Wahrheit sage! Ich erzähle unseren jungen Männern, dass sie nicht zur Army gehen sollen. Das passt ihnen nicht!“

Felix zuckte mit den Schultern. „Ich finde es nicht schlimm, wenn ich später mal zur Bundeswehr muss!“

Rays Lippen wurden schmal, aber er erwiderte nichts. Wozu auch? Alles, was er sagte, würde Felix nur in seiner Meinung bestätigen, dass die Bundeswehr ein toller Ort sei, wo er Kameradschaft und Zusammenhalt erleben würde.

Seine Mutter dagegen kam wie eine Furie aus der Küche geschossen: „Du glaubst doch wohl nicht im Ernst, dass ich dich geboren und großgezogen habe, nur damit du dich dann in Afghanistan abballern lässt?“

„Mama!“, schimpfte Felix. Wie konnte sie ihn vor seinen Freunden blamieren? Sie würden ihn für ein Weichei halten, wenn sie ihn wie ein Baby behandelte.

„Dann erzähl nicht so einen Blödsinn! Du machst erst mal deine Schule fertig, und dann deine Ausbildung!“

„Mama!“

„Findest du es lustig, wenn dir ein Bein amputiert wird? Oder du auf fremde Menschen schießen musst?“

Seine Mutter redete sich richtig in Fahrt, nur Ray begann eine leise Melodie auf seiner Gitarre zu spielen und tat so, als interessiere ihn die ganze Auseinandersetzung nicht.
„Warum unterstützt du mich nicht! Erzähl ihm doch, was du alles erlebt hast!“, fauchte Jennifer ihn ungehalten an.
Ray riss die Augen auf und zischte leise durch die Zähne: „Wozu? Er muss seinen eigenen Weg finden und seine eigenen Erfahrungen machen!“
„Aber in der Rez kämpfst du doch auch darum, dass die Jungen nicht in die Fänge der Armee geraten!“
Ray nickte mit dem Kopf: „Ja, aber dort hören sie mir auch zu!“
Jennifer stemmte ihre Hände in die Hüften und schob ihren Bauch vor: „Ray!“
Der Indianer legte die Gitarre beiseite und blickte ihr ruhig in die Augen: „Ja?“
Görne und Siggi rutschten unruhig hin und her, kicherten verlegen und warteten, wie es jetzt weiter gehen würde.
Auch Felix war gespannt, wie seine Mutter nun reagieren würde. Er kannte ihre endlosen Diskussionen, ihre lückenlose Argumentation, die ihn immer wieder in die Ecke drängte, bis ihm nichts mehr einfiel.
„Wie kannst du Felix in dem Glauben lassen, dass die Armee eine Alternative ist?“, funkelte seine Mutter ihren Mann wütend an.
„Das tue ich nicht! Aber ich zwinge ihm kein Gespräch auf, wenn er nicht bereit ist, mir zuzuhören.“
„Ach, du lässt ihn also einfach ins Messer laufen? Weil er keine Lust hat, dir zuzuhören?“
Ray biss die Lippen zusammen und funkelte genervt zurück: „Im Moment besteht keine Notwendigkeit mit Feliks über etwas zu reden, was ihn erst in ein paar Jahren betrifft! Lass ihm Zeit darüber nachzudenken! Das ist alles!“

Jennifer schnaufte empört, dann steckte sie versöhnlich zurück, sehr zur Verwunderung ihres Sohnes: „Du hast Recht! Im Moment steht es ja gar nicht zur Debatte! Warum holt ihr Männer nicht ein paar Leberkässemmeln zum Mittagessen? Ich habe Hunger!"
„Hat der Metzger denn noch auf?"
„Aber ja! Der Metzger schließt erst um ein Uhr!" Sie scheuchte die Männer in ihrer resoluten Art auf und schob sie aus dem Wohnzimmer. „Gerechte Rollenverteilung! Die Frau kümmert sich um die Küche und die Männer reiten zur Jagd!"
„Aber ich bin verletzt!", verteidigte sich Ray und krümmte sich mit schmerzverzerrtem Gesicht zusammen, sichtlich um Mitleid bemüht.
„Angeber!"
Ray gab seinen Widerstand auf und verdrückte sich in den kleinen Windfang, um in seinen Anorak und seine Cowboystiefel zu schlüpfen.
Die drei Jungen schlossen sich ihm an und nebeneinander trotteten sie die Straße entlang. Ein eisiger Wind wehte, und sie schoben die Kapuzen hoch. Nur Rays Haare wehten im Wind, scheinbar machte ihm die Kälte nichts aus. „Friert es dich nicht?", fragte Felix verwundert.
„Nein, warum? Bei uns ist es im Winter wesentlich kälter, und wir haben immer Wind!"
„Und im Sommer?"
„Da ist es heiß!" Er lachte leise, dachte voller Wehmut an seine Heimat. „Bei uns weht immer der Wind! Deshalb steht bei uns auch kein Baum gerade! Alle beugen sich vor der steten Kraft des Windes!"
„Cool!", staunte Felix.
Von der Seite schielte er auf Ray, hatte plötzlich einen ganz anderen Eindruck von ihm. „Erzählst du mir von der Armee?",

hoffte er sehnsüchtig. „Warst du bei den Marines?“
Ray bleckte seine Zähne und blieb abrupt stehen:
„Sohn!“, meinte er ernst. „Was willst du hören? Wie mein Freund Charlie Red Bow vor meinen Augen erschossen wurde? Oder, wie ich ein Kind mit abgerissenem Bein ins Krankenhaus geschleppt habe, nur um dann zu sehen, wie es verblutet ist? Am Krieg ist nichts Abenteuerliches, nichts Heldenhaftes, nichts Interessantes! Er ist blutrünstig und gemein! Ohne jede Ehre! Und für was? Damit Amerika sein Öl sichert? Willst du dafür kämpfen? Für einige machthungrige Politiker?“
„Die Bundeswehr kämpft doch nicht für Öl! Wir gehen in die Länder, um den Frieden zu sichern!“, erklärte Felix im Brustton der Überzeugung.
Rays Grinsen wurde gemein: „Das ist das, was sie dir erzählen, mein Freund, aber weißt du es wirklich? Du fällst auf die gleiche Propaganda herein wie unsere jungen Männer!“
Felix schwieg verunsichert und vermied es nach seinen Freunden zu sehen. Bei ihnen hatte das ganz anders geklungen!

Sie betraten den Laden, und die Frau hinter der Theke riss neugierig die Augen auf, als sie Felix in der Begleitung des Mannes sah. „Ah, ist das dein Vater?“, fragte sie beiläufig.
Felix zuckte mit den Achseln und ließ seine Hände verschwinden: „Sozusagen!“ Er hatte keine Lust der Dame seine ganze komplizierte Familiengeschichte zu erzählen.
„Was darf es denn sein?“
„Oh, drei Leberkässemmeln!“, antwortete Felix.
Die Metzgerin machte sich an den Semmeln zu schaffen, während Ray seinen Blick durch die Regale schweifen ließ. Mit einem tiefen Seufzen nahm er eine Coca-Cola Flasche aus der Kühlung und stellte sie auf die Theke. „Finally the real stuff!“, brummte er zufrieden.

„Sonst noch etwas?“, fragte ihn die Metzgerin direkt.
Ray schaute sie ausdruckslos an, dann warf er Felix einen fragenden Blick zu.
„Nein, danke!“, antwortete Felix anstatt seiner.
„Dein Vater ist aber nicht von hier!“, stellte die Frau messerscharf fest.
Felix stöhnte unterdrückt, aber nichts schützte vor der Neugier einer Verkäuferin! „Er ist mein Stiefvater…“, gab er zögernd zu. „…und er ist Amerikaner!“
„Ach so!“ Die Augen der Frau leuchteten zufrieden, weil sie wieder ein Puzzleteil zusammensetzen konnte. „Wie geht es denn deiner Mutter?“
„Gut!“, antwortete Felix, seufzte dankbar, weil die Frau das Thema wechselte.
„Wann kommt denn das Baby?“, fragte sie arglos.
Volltreffer! Wie machte sie das nur? Immer die richtige Frage zum richtigen Zeitpunkt, um ihn in die Enge zu drängen.
„Im Mai, oder so!“, wich er aus, versuchte verzweifelt nicht rot zu werden.
„Na, dann grüße sie mal schön!“, lächelte die Verkäuferin freundlich. Ray nahm bereits die Einkaufstüte, nickte höflich und verließ das Geschäft, während Felix der Dame hastig das Geld reichte. Er floh fast aus ihrer Gegenwart, fürchtete weitere unangenehme Fragen.
Görne und Siggi blieben noch, angeblich, um ebenfalls zwei Semmeln zu kaufen, aber Felix konnte durch die Schaufensterscheibe sehen, wie die Verkäuferin auf die beiden einredete und sie ganz offensichtlich aushorchte. Verdammt!

Mit gesenktem Kopf trottete er neben Ray her, dann horchte er auf die eiligen Schritte, die hinter ihm zu hören waren. Gut! In der kurzen Zeit konnten sie der Metzgerin nicht allzu viel erzählt

haben! „Und? Was wollte sie noch wissen?“, knurrte er ungehalten, als die beiden aufgeholt hatten.
„Ach! Nur, wer er so ist!“, erklärte Siggi verlegen und ruckte mit seinem Kopf in Richtung des Indianers. „Sie hatte noch nie einen echten Indianer in ihrem Laden!“
Felix stöhnte unterdrückt. „Musstest du ihr das erzählen?“
„Wieso?“
„Na, jetzt weiß es doch das ganze Dorf! Dass meine Mutter einen Indianer geheiratet hat!“
„Na und, das ist doch nicht schlimm!“, wunderte sich Siggi.
„Nein, aber es geht eigentlich niemanden was an!“

Ray lachte dunkel und schüttelte seine schwarzen Haare nach hinten: „Hier ist es fast so, wie bei uns auf der Rez! Jede Menge Getratsche!“
Felix staunte nicht schlecht: „Ich habe gar nicht gewusst, dass Indianer tratschen!“
„Oh doch! Sie sind sehr nauisi!“
„Nauisi? Was soll das heißen?“
„Nun, wir sind sehr, sehr arm! Und da sind die Menschen schnell neidisch, wenn der andere vielleicht ein bisschen mehr hat! Du darfst nie zeigen, wenn es dir gut geht oder du hast schnell Neider!“
„Echt? Und? Geht es dir gut?“
Ray zuckte die Achseln und stieß einen Eisklumpen vor sich her: „Kann schon sein! Manche zeigen bereits mit dem Finger auf mich, weil ich eine weiße Frau geheiratet habe! Das mögen meine Leute nicht!“
„Und da willst du meine Mutter hinschleppen?“, fragte Felix verwundert.
„Ja! Sie wird es nicht leicht haben! Aber ich habe ein großes Tioschpaye! Eine große Familie! Sie werden zu mir halten!“

Aus seiner Stimme klang Zuversicht und vollstes Vertrauen. Dann lachte er sorglos und drückte Felix fest an sich: „Keine Angst! Wir werden deine Mutter schon nicht fressen!"

Familie Schickes-Kostüm

Die Zeit nach den Faschingsferien war für Felix ein Spießrutenlauf. Seine Ex-Freundin hetzte die Mädchen gegen ihn auf und die Jungen in der Klasse machten einen Bogen um ihn. Offen widersetzte er sich den rechtsradikalen Tendenzen, machte kein Hehl mehr aus seiner Meinung. Er machte die Lehrerin darauf aufmerksam, dass die Jugendlichen sich auf dem Pausenhof offen mit dem Hitlergruß grüßten, doch die junge Lehrkraft war mit der Situation völlig überfordert. Wegschauen war einfacher! Dass Felix so deutlich auf ein Problem in der Schule hinwies, war unbequem!

Das rechtsradikale Verhalten der Jugendlichen wurde bagatellisiert und auf das jugendliche Alter geschoben. Rechtsradikal war immer noch besser als liberal!

Und der Direktor unterstützte mit seiner autoritären Art noch diese Auswüchse. Über entsprechende Bemerkungen der anderen im Unterricht wurde gewitzelt, als wäre alles nur ein großer Spaß, während Felix als Spielverderber und Querulant behandelt wurde.

In der Sportstunde kam es schließlich zum Eklat.

Der Lehrer hatte kurz die Turnhalle verlassen, um einige Daten am Computer zu überprüfen. Der Klassensprecher sollte solange für Ordnung sorgen, doch natürlich machten die Jugendlichen Unsinn, schossen mit schweren Medizinbällen quer durch die Halle.

Felix stand bei zwei Mädchen, eigentlich die einzigen, die noch mit ihm redeten. Er versuchte die anderen zu ignorieren, vermied es, sich überhaupt zu ihnen umzudrehen. Er hatte ihre blöden Bemerkungen und Anspielungen satt, hoffte, dass sie irgendwann vergaßen, dass es ihn überhaupt gab.

Ein Ball traf ihn plötzlich mit voller Wucht am Kopf. Felix ging sofort zu Boden, fühlte sich schwindelig und elend, mit einem seltsamen Dröhnen im Kopf. Die Mädchen riefen laut nach dem Lehrer, während die anderen schadenfroh um Felix herumstanden. „So ein Depp!", schimpften sie. „Wieso steht er auch im Weg rum?"
In Felix stieg Übelkeit hoch und vor den Augen der anderen musste er sich übergeben. Dann tropften dicke Blutstropfen aus seiner Nase und versauten sein neues T-Shirt.
Atemlos kam der Lehrer herein, brüllte die umstehenden Jungen an, was ihnen einfiel, hier mit den Medizinbällen herumzubolzen, dann schickte er ein Mädchen ins Sekretariat, damit ein Rettungsfahrzeug geschickt wurde.

Felix lag fast eine Woche mit einer schweren Gehirnerschütterung im Krankenhaus, doch selbst dann konnte er vier weitere Wochen nicht am Sportunterricht teilnehmen. Felix war das nur Recht, denn Sport war am Nachmittag und mit dem Attest konnte er an diesem Tag bereits mittags nach Hause fahren und seinem wahren Sport frönen: dem Zocken im Internet.
Der Sportlehrer bekam ziemlich Ärger, weil er seine Aufsichtspflicht verletzt hatte, und er ließ diesen Frust offen an Felix aus, unterstellte ihm, dass er die Gehirnerschütterung nur gespielt hatte. Felix war immer gut in Sport gewesen, aber jetzt war ihm dieses Fach vollkommen vergällt worden. Er schwänzte so oft es ging, weil er die blöden Bemerkungen des Lehrers satt hatte. „Setz besser deinen Stahlhelm auf!", oder „Spiel besser bei den Mädchen mit!"
Felix fühlte eine solche Wut in sich, dass er den Lehrer am liebsten verprügelt hätte.
Auch im Unterricht wurde er gemobbt, irgendwie hatte er das Gefühl, dass er es niemandem mehr Recht machen konnte. Er

reagierte mit Bauchschmerzen und Übelkeit auf die Situation, kam deshalb oft verspätet in den Unterricht. Natürlich rief seine Mutter im Sekretariat an, doch die Schulsekretärin war mit der Tatsache, dass ein Schüler wegen Übelkeit verspätet in den Unterricht kam, vollkommen überfordert. Sie schrieb die Entschuldigungen der Mutter nicht auf, weil der Schüler ja nicht den ganzen Tag gefehlt hatte, und so wurde sein verspätetes Kommen von der Klassenlehrerin als „unentschuldigtes Fernbleiben vom Unterricht“ geführt.
Felix versuchte diese Angelegenheit mit seiner Klassenlehrerin selbst zu klären, doch die junge Lehrkraft glaubte „seinen Geschichten“ nicht mehr und verständigte genervt den Direktor.

Schließlich wurde seine Mutter vom Dirktor vorgeladen, um die weitere Vorgehensweise gegenüber Felix zu besprechen.
Jennifer Two-Knives fiel aus allen Wolken, denn in ihren Augen hatte sie ihren Sohn stets rechtzeitig entschuldigt.
„Ich kann ihn schließlich nicht in die Schule schicken, wenn er über der Kloschüssel hängt und kotzt!“, erklärte sie aufgebracht.
Inzwischen trug sie weite Umstandskleider und Felix fand es peinlich, dass sie wegen ihm in die Schule kommen musste.
„Wieso reicht es nicht, wenn ich in der Früh Bescheid gebe?“
Der Direktor war einigermaßen überrascht, dass hier eine Mutter saß, die ihren Sohn wie eine Löwin verteidigte, anstatt auf das angebliche Schwänzen zu reagieren.
„Dann braucht Felix eben ein Attest, wenn er so oft krank ist!“, meinte er süffisant.
„Mein Sohn braucht gar nichts!“, fauchte Jennifer Two-Knives wütend. „Ihm ist am Morgen oft schlecht, weil er offensichtlich gemobbt wird! Er hat nicht geschwänzt, denn ich habe im Sekretariat angerufen! Also frage ich mich, was Sie eigentlich wollen?“

Der Schuldirektor klärte den Sachverhalt mit der Sekretärin, dann wurden die Einträge aus dem Klassenbuch gestrichen, trotzdem blieb eine angespannte Atmosphäre.
„Können Sie mir erklären, was im Moment mit Felix los ist?", fragte der Direktor.
„Inwiefern?", fragte seine Mutter mit einem leicht aggressiven Unterton.
„Na, er sondert sich von seinen Klassenkameraden ab! Bei den Lehrern eckt er an! Ich bekomme nur noch schlechte Rückmeldungen!"
Felix drückte sich tiefer in den Sessel und verschränkte in Abwehr die Hände. „Ich ecke gar nicht an!", maulte er bissig. „Ich habe nur keine Lust, mich beschimpfen zu lassen! Außerdem habe ich dieses Nazigetue satt!"
„Wir haben keine Nazis an der Schule!", erklärte der Dirktor überzeugt. „Dagegen wehre ich mich!"
„Das ist doch Blödsinn!", schimpfte Felix aufgebracht. „In der Pause begrüßen sich die Jugendlichen ganz offen mit Heil Hitler, und die Lehrerin steht daneben, ohne etwas zu sagen!"
Diese Bemerkung gefiel dem Direktor offensichtlich nicht und sein Blick wurde finster. „Also, das ist doch eine Frechheit, wie du hier deine Mitschüler angreifst...!"
„Nun, da muss ich meinem Sohn Recht geben!", fiel ihm Felix Mutter ins Wort. „Davon hat er mir schon öfter erzählt! Auch, dass die Jugendlichen rechtsradikale Lieder grölen und ausländerfeindliche Parolen von sich geben. Vielleicht sollten sie dem mal nachgehen! Meinen Mann haben sie zu Fasching sogar verprügelt, nur weil er Ausländer ist..."
Die Lippen des Direktors wurden schmal: „Also Frau Ronacher!", er benutzte ihren alten Namen, wusste offensichtlich noch nicht, dass sie inzwischen geheiratet hatte, „In meiner Schule lasse ich so etwas nicht zu! Da können Sie sicher sein! Aber viel-

leicht sollten wir uns diesbezüglich mit dem Bürgermeister und dem Gemeinderat zusammensetzen!"
„Eine gute Idee! Vielleicht sollte man einige dieser Rädelsführer zu einem Gespräch einladen?"
„Ich dachte eher, dass Sie und Felix mit dem Bürgermeister Kontakt aufnehmen. Ich denke nicht, dass es etwas mit der Schule zu tun hat."
Jennifer Two-Knives wurde ziemlich schnippisch: „Immerhin gehen diese Jugendlichen hier in diese Schule! Also sollte es ein Thema sein. Ich wende mich ganz bestimmt nicht an den Gemeinderat! Nicht mein Sohn ist rechtsradikal, sondern die anderen! Wieso sollten wir also so ein Tribunal einberufen? Damit setzt er sich ja nur noch weiter ins Abseits!"
„Nun, es war ja nur ein Vorschlag! Ich sehe in meiner Schule keinen Handlungsbedarf, denn hier traut sich keiner irgendwelche rechtsradikale Parolen von sich zu geben!" Die Stimme des Direktors war patzig, genervt, es war ihm sichtlich peinlich, dass jemand seine Arbeit kritisierte oder unterstellte, dass er nicht alles im Griff hatte. „Ich erwarte, dass Felix wieder regelmäßig den Unterricht besucht oder ich sehe schwarz für seinen Quali!"
„Soll das eine Drohung sein?", fragte Jennifer unverblümt.
Der Direktor kniff herausfordernd die Augen zusammen: „Aber nein! Nur ein gut gemeinter Rat! Auf Wiedersehen!"

Wortlos erhoben sich Felix und seine Mutter, dann verließen sie das Büro des Schulleiters. „So ein Arsch!", murmelte Felix Mutter wütend.
„Nicht wahr!", heischte Felix um Bestätigung.
„Den Gemeinderat zu verständigen! Stell dir vor! Damit du endgültig ein Außenseiter bist! Auf welchem Planeten lebt dieser Mensch eigentlich!"
„Und jetzt?", fragte Felix kleinlaut.

„Du gehst regelmäßig in die Schule und behältst deine Meinung für dich. Es dauert ja nicht mehr lange!"
„Und Sport?"
„Musst du den Quali in Sport machen?"
„Wenn der Typ nicht so ein Depp wäre, hätte ich todsicher eine Eins! Die brauche ich, um Hauswirtschaft auszugleichen!"
„Welche andere Möglichkeit gibt es?"
„Vielleicht Kunst! Aber da bin ich nicht so gut!", erwiderte Felix unglücklich.
„Dann versuch, dich mit dem Lehrer auszusöhnen!", meinte seine Mutter in ihrer pragmatischen Art.
„Mama!"

Die Zeit bis zu den Osterferien war furchtbar.
Der Direktor ließ ihn bei jeder Gelegenheit spüren, dass er ihn für einen Wichtigtuer hielt, für einen Nestbeschmutzer, der es gewagt hatte, seine wunderbare Schule anzugreifen. Niemand sprach mehr mit ihm und jeder seiner Unterrichtsbeiträge wurde mit bissigen Bemerkungen kommentiert.
Die anderen fühlten sich stark, machten sich offen lustig über ihn. Felix saß nun strafversetzt in der letzten Reihe, blickte oft sinnend aus dem Fenster, was ihm weiteren Ärger einbrachte.
Dafür wurde es zu Hause besser.
Staunend beobachtete er, wie der Bauchumfang seiner Mutter zunahm und sie sich auf das Baby freute. Seit Felix wusste, dass es eine kleine Schwester werden würde, fand er es irgendwie okay.
Auch mit Ray verstand er sich prima, vor allen Dingen liebte er den hintergründigen Humor des Indianers. Mit ihm konnte man scherzen, Blödsinn machen, sich gegenseitig foppen, nach Lust und Laune, ohne, dass es Ray einem Übel nahm. Gemeinsam ärgerten sie Jennifer, neckten sie wegen ihres dicken Bauches

oder machten unanständige Männerwitze, die ihr die Röte ins Gesicht trieben. Siggi und Görne kamen ebenfalls oft vorbei, spielten mit ihm X-Box und unterhielten sich in ihrem schlechten Englisch mit Ray. Schade, dass sie nicht in seiner Klasse waren, dann wäre alles wesentlich einfacher!
Aus Görnes Keller verschwanden die Hakenkreuze und Deutschlandfahnen, stattdessen luden sie Aufnahmen von Rays Musik herunter. Alles sei ja nur ein „Scherz“ gewesen.

Ostern verbrachte Felix einige Tage mit seinem Vater, der beim Abholen seines Sohnes etwas pikiert den Leibesumfang seiner Ex-Frau musterte. Dann meinte er halbwegs galant: „Du siehst gut aus!“
„Ja, ja!“, lachte Jennifer fröhlich. „Ganz toll!“
Ray stand wieder mit diesem unverschämten Grinsen in der Tür und winkte zum Abschied zu: „Hey, man! Take care!“
Felix verstaute seine Tasche im Kofferraum und ließ sich neben seinem Vater in den Sitz plumpsen. Wohlwollend blickte Frank auf die Jeans, die wieder an der Hüfte saß, mit einem T-Shirt in seiner tatsächlichen Größe darüber. „Na, siehst du wieder wie ein normaler Mensch aus?“
„Ja! Seit dem Kindergarten! Sonst hätten mir diese Biester einfach die Hose heruntergezogen!“, erklärte Felix.
„Kindergarten?“, fragte sein Vater hellhörig. „Hast du diesen Plan immer noch nicht aufgegeben?“
„Nein!“, antwortete Felix kurz angebunden, wusste genau, dass dies seinem Vater weniger gefallen würde. Natürlich nicht!
„Wieso machst du kein Praktikum in einer Bank? Was willst du denn mit kleinen Kindern?“
Felix biss sich auf die Lippen: „Üben!“, erklärte er frech. „Wenn meine kleine Schwester kommt!“
„Ach ja, genau! Das Baby!“, knurrte sein Vater ungehalten.

„So ist es!“
„Und? Wie kommst du mit Ray aus?“, wechselte sein Vater das Thema.
„Ganz gut!“
Schweigen.
„Und wie sind deine Noten?“, versuchte Frank ein anderes Thema zu beginnen.
„Ganz gut!“, wiederholte Felix.
Wieder Schweigen.
Sein Vater seufzte tief und konzentrierte sich auf den Verkehr vor ihm. Zu Ostern war auf den Straßen viel los und so erstarb die Unterhaltung zwischen ihnen.

Nach einer guten Stunde erreichten sie das Haus seines Vaters. Es war kühl, modern eingerichtet, mit italienischem Designersofa, Hightechküche und hellen Möbelfronten. Ganz anders als bei seiner Mutter, die viel Wert auf Gemütlichkeit legte.
Eine Dame in perfekt sitzendem Kostüm öffnete ihnen mit einem Lächeln die Tür.
„Das ist Carola!“, meinte Frank verlegen.
„Ah, deine Neue!“, stellte Felix scharfsinnig fest. Na prima! Jetzt hatte er einen Stiefvater und eine Stiefmutter! Eigentlich gehörte er zu keiner Familie mehr!
„Ja, meine Neue!“, betonte sein Vater bissig. „Also benimm dich!“
„Oh, werde ich sonst verstoßen?“, fragte Felix provokant.
„Werde nicht frech! Sonst fahre ich dich gleich wieder nach Hause!“, drohte sein Vater ungehalten.
„Welches Zuhause?“, schoss Felix zurück. „Zu den Killermessern, oder zu Frau Schickes-Kostüm?“
„Hahaha“, lachte diese Carola übertrieben fröhlich los. „Ist er nicht galant!“

Wortlos wurde Felix von seinem Vater durch die Tür geschoben, dann drückte er ihm seine Tasche in die Hände und deutete die Treppe nach oben: „Du weißt ja, wo dein Zimmer ist!“
„Oh! Habe ich hier noch ein Zimmer?“, lästerte Felix süffisant. Dann starrte er auf ein Mädchen, das schüchtern auf der Treppe stand und ihm den Weg versperrte.
„Das ist Chiara! Sie ist dreizehn!“, stellte ihm sein Vater das Mädchen vor. „Sie ist die Tochter von Carola!“
„Wohnt sie jetzt hier?“, argwöhnte Felix betroffen.
„Ja! Sie wohnt hier!“
Felix schloss kurz die Augen und versuchte die Information zu verdauen. Hatte er jetzt seinen Vater endgültig verloren? An diese zwei Frauenzimmer, die plötzlich im Haus seines Vaters wohnten? Warum hatte er ihm nichts davon erzählt? Sie hatten doch bestimmt einige Male miteinander telefoniert. „Und warum hast du mir nichts davon erzählt?“, fragte er laut.
„Nun, jetzt lernst du sie ja kennen!“, meinte sein Vater kurz angebunden.
„Na toll! Wie bei Mama! Da habe ich auch erst durch die Polizei erfahren, dass sie inzwischen verheiratet ist!“
„Das Leben geht halt weiter! Du wirst dich damit abfinden müssen!“

Felix drückte sich wütend an dem Mädchen vorbei und warf seine Tasche in das Zimmer, das er immer bewohnte, wenn er seinen Vater besuchte. Es war unverändert, zum Glück hatte dieses bezopfte Wesen es noch nicht geschafft, ihn ganz aus dem Haus zu vertreiben. „Wo schläfst du?“, knurrte er unfreundlich.
„Nebenan!“, piepste sie mit einem Kichern.
„Was gibt es da zu kichern?“, herrschte er sie an. Blöde Weiber!
„Nichts! Sei halt nicht so!“
„Wie bin ich denn?“, fragte er patzig.

„Doof!“, schoss sie zurück, streckte ihre Zunge raus und lief vor ihm davon.
Felix knallte die Tür zu und warf sich auf das Sofa. Na toll! Jetzt hatte er zwei Familien, die ihn eigentlich gar nicht wollten. Tolle Alternativen taten sich vor ihm auf: Eine Ranch in South Dakota, bei der Familie Killermesser oder ein steriles Haus bei Frau Schickes-Kostüm, mit Zopfmädchen als Dreingabe!
Er fühlte sich mies! Richtig mies!

Zum Abendessen traute er sich wieder aus dem Zimmer, auch weil er Hunger hatte. Er setzte sich an den perfekt gedeckten Tisch, mit Kerzen und Servietten und allem Schnickschnack, und stocherte lustlos in dem Essen herum. Es schmeckte ausgezeichnet, musste er gerechterweise zugeben.
Auch das Zopfmädchen hielt sich mit bissigen Bemerkungen zurück, warf ihm manchmal einen verstohlenen Blick zu.
Eigentlich sah sie ganz nett aus. Durfte man eigentlich mit einer Stiefschwester ins Bett gehen? Vielleicht konnte er sie ja eine Weile als Ersatz für Eva benutzen, nur um seinem Vater eins auszuwischen! Er warf ihr ein kurzes Lächeln zu und grinste, als sie errötend den Kopf senkte.

Die paar Tage waren dann doch ganz okay. Sein Vater nahm sich Zeit, um mit ihm eine Bergtour zu machen. So richtig mit Abseilen und so! Und nur sie beide!
Ganz allein, ohne Zopfmädchen und Frau Schickes-Kostüm. Ein paar Mal waren sie gemeinsam mit Chiara im Kino und irgendwie war es schon cool eine jüngere Schwester zu haben.
Chiara bewunderte ihn offensichtlich, fand es genauso toll, dass sie plötzlich einen älteren Bruder hatte. Felix beließ es bei dieser Bruder-Schwester Beziehung. Nicht wegen seines Vater, sondern weil er Chiara ganz nett fand. Er erzählte ihr von seiner

Mutter und dem Baby, das bald kommen würde oder von seinen Plänen nach Amerika zu gehen.
„Schade! Dann sehen wir uns ja gar nicht mehr!“, bedauerte Chiara dann.
„Doch! In den Ferien! Da komme ich zurück!“, erklärte er selbstbewusst.

Sein Vater dagegen war von seinen Plänen überhaupt nicht begeistert: „Du glaubst doch wohl nicht im Ernst, dass ich dich nach Amerika ziehen lasse!“
„Wieso nicht?“, fragte Felix verwundert.
„Na, welche Zukunft hast du denn da? Du machst jetzt hier den Quali, anschließend M-Zug und dann gehst du auf die FOS! Das ist das mindeste, was ich von dir erwarte! Dann kannst du immer noch studieren!“
Felix verkniff sich eine bissige Bemerkung, denn noch hatte er den Quali nicht in der Tasche!
Aber die Ferien taten ihm gut, ab und zu tauchte er seine Nase tatsächlich in ein Lehrbuch oder er sortierte seine Unterlagen.

Nach einer Woche brachte ihn sein Vater zurück und setzte sich zu Ray auf die Terrasse.
Die beiden Männer unterhielten sich über die Zukunft, auch darüber, ob Felix nach Amerika gehen sollte.
Das Gespräch verlief wider Erwarten ruhig, fast freundschaftlich und Ray betonte, dass es Felix Entscheidung sei, ob er nun mitkommen wollte oder nicht.
Frank Ronacher bezweifelte, ob Felix wirklich die nötige Reife für eine so wichtige Entscheidung hatte, aber Ray wischte dessen Bedenken mit einer leichten Handbewegung zur Seite.
„Irgendwann wird er die Verantwortung für sein Leben in die Hand nehmen müssen, warum also nicht jetzt?“

Draußen wurde alles grün und die warme Sonne tat gut. Seine Mutter werkelte ein wenig im Garten herum, dann musste sie einsehen, dass ihr dicker Bauch sie zu sehr behinderte. Auch Staubsaugen oder schwere Wäschekörbe tragen war ihr inzwischen zu anstrengend. So half Felix ihr im Haushalt und Ray hängte die Wäsche im Garten auf die Leine oder mähte den Rasen. Im Dorf hatte man sich an seinen Anblick gewöhnt, verwickelte ihn manchmal in harmlose Gespräche. Ray wunderte sich, dass buchstäblich jeder mit ihm Englisch sprach, selbst wenn er versuchte etwas auf Deutsch zu sagen. Wie sollte er je Deutsch lernen, wenn alle sofort Englisch mit ihm redeten?
„Deutsche sind ganz wild darauf Fremdsprachen zu lernen!“, erklärte ihm Felix. „Das merkst du ja auch an meiner Mutter! Oder kennst du Amerikaner, die freiwillig Lakota lernen?“
„Kaum!“, gab Ray zu.
„Kannst du die alte Sprache noch?“, fragte Felix interessiert.
„Nicht so gut wie deine Mutter!“, grinste Ray zurück.
„War ja klar!“, brummte Felix. Wie er es befürchtet hatte! Seine Mutter sprach dieses Kauderwelsch besser als die Rothäute.

Leistungsfeststellung

Felix Schwester wurde Ende April geboren, gute drei Wochen vor dem errechneten Termin. Ray war bei der Geburt dabei, aber nur, weil Jennifer darauf bestanden hatte. „Es ist mir vollkommen gleichgültig, ob das bei den Lakota Sitte ist oder nicht! Du kommst mit!“, hatte sie gedroht.

Ray war von dem Erlebnis sichtlich gezeichnet. „Never again!“, hatte er erklärt. „Lieber tausend Kriegszüge gegen den Feind, ehe ich so was noch mal mitmache!“

„War es denn so schlimm?“, fragte Felix voller Mitgefühl.

„Yeah! Deine Frau liegt da, hat furchtbare Schmerzen und du kannst überhaupt nicht helfen!“ Er schwieg eine Weile und meinte dann: „Weißt du, wenn ich den Sonnentanz tanze, dann sind es meine Schmerzen, die ich aushalten muss! Aber es ist schrecklich mitanzusehen, wenn jemand anderer leidet!“

„Und, wie sieht das Baby aus?“

Ray kicherte ausgelassen. „Ganz zerknittert! Aber morgen nehme ich dich mit! Dann kannst du sie sehen! Jetzt gehen wir zwei ein Bier trinken und feiern die Geburt meiner Tochter!“

Sie schlenderten zum Wirt, bestellten das Bier und in kürzester Zeit gesellten sich Görne und Siggi dazu, die ebenfalls von der frohen Kunde erfahren hatten. Dorfgetratsche!

„Hast du denn schon einen Namen für sie?“, fragten sie neugierig.

Ray zog ein wenig die Augen zusammen und dachte darüber nach. „Bei uns sind Namen heilig! Man darf sie nicht leichtfertig in den Mund nehmen! Ich denke, ich werde ihr zwei Namen geben! Einen heiligen, den nur ihre Familie weiß, und einen Namen, mit dem sie gerufen wird!“

„Und wie wird sie dann gerufen?“

„Hmh! Vielleicht Maya!"
„Maya ist doch ein ganz normaler Name!", wunderte sich Felix.
„Ja, das ist ja das Lustige! Aber es ist auch ein Lakotaname, denn Maya bedeutet „Ufer". Und meine Tochter wurde ja in einem fremden Land geboren!"
Felix lehnte sich entspannt zurück. Maya Two-Knives! Das klang eigentlich ganz nett!
„Also! Auf Maya!", hoben Görne und Siggi ihre Gläser.
Lachend stießen Felix und Ray mit ihnen an, frotzelten über runzelige Babys mit krebsroter Haut.

Am nächsten Tag jedoch hielt Felix ganz ergriffen seine kleine Schwester im Arm. Sie war überhaupt nicht runzelig oder krebsrot, sondern filigran und mit einer mokkafarbenen Haut. Feine schwarze Haarsträhnen wuchsen auf ihrem zarten Kopf und sie war mit Abstand das süßeste Baby auf der Säuglingsstation des Weilheimer Krankenhauses.
Seine Mutter strahlte vor Glück, hatte sich bereits gut von der Geburt erholt. „Morgen darf ich schon wieder nach Hause!", lächelte sie zufrieden. „Und? Gefällt dir deine Schwester?"
Felix nickte zaghaft, hatte Angst, das kleine Wesen in seinem Arm zu wecken. „Sie ist so süß!", flüsterte er. „Aber ein bisschen sieht sie schon wie Pocahontas aus!"
Vorsichtig legte er das Baby in das Bettchen und blickte auf das rosa umrahmte Kärtchen. Maya Two-Knives. Es klang komisch. Als wäre er mehr der Onkel und nicht der große Bruder.
Ray stellte schwungvoll einen großen Strauß Blumen in die Vase und küsste seine Frau zärtlich auf die Wange. „Oh!", wunderte sich Jennifer. „Wo hast du denn die Blumen her?"
„Aus dem Stadtpark!", grinste Ray frech. „Ich habe heute Nacht einen Raubzug gestartet!"
„Prima! Das schont unseren Geldbeutel!"

Die beiden Männer setzten sich zu Jennifer auf die Bettkante, doch nach einiger Zeit verabschiedeten sie sich, auch, weil Jennifer etwas müde wirkte. „Ruhe dich aus! Wir müssen noch aufräumen, ehe du morgen kommst!"

Felix fand den Herrenabend mit Ray ganz lustig. Sie schoben zwei Pizzas in den Ofen, schauten den ganzen Abend Actionfilme und futterten dazu Chips. Am Morgen räumten sie ein bisschen auf, zumindest nach ihren Ordnungsvorstellungen war alles blitz-blank, dann fuhren sie zum Krankenhaus. Ray hatte einen Babysitz dabei und packte seine Tochter voller Stolz darin ein. Jennifer hatte ihren Koffer bereits gepackt und drückte ihn Felix in die Hand.
Dann verabschiedete sie sich von den Krankenschwestern, die ihr und dem Baby alles Gute wünschten.
Jennifer setzte sich hinten in das Auto, damit sie ihre Tochter besser beobachten konnte und so landete Felix wieder auf dem Beifahrersitz. Er balancierte den großen Blumenstrauß auf seinem Schoß und unterdrückte den Niesreiz, als die Pollen ihm in die Nase stiegen.
Ray fuhr mit mäßiger Geschwindigkeit nach Hause, schaute dabei immer wieder in den Rückspiegel, um nach seiner Familie zu sehen. Er lächelte breit, schien ausgesprochen gelöst und froh zu sein, dass alles so gut verlaufen war.

Zuhause brachte er seine Frau in das Wohnzimmer, dann nahm er Maya aus dem Sitz heraus und stellte sich mit ihr auf die Terrasse. Er hob das Bündel der Sonne entgegen, dann sang er mit leiser Stimme ein Gebet und drehte sich in die vier Himmelsrichtungen. Es war wahr und echt, und Felix hatte zum ersten Mal einen Eindruck, wie es wäre mit einem Indianer zusammen zu leben.

Dann drückt Ray das Baby zärtlich gegen seine Brust und schaukelte es sanft hin und her. „My little girl!“, summte er vor sich hin. „My little sunshine!“
Eine feine Stimme erhob sich und lachend reichte Ray das Bündel seiner Frau zurück. „Here, she‘s hungry!“
Jennifer setzte sich bequem auf das Sofa, schob das T-Shirt hoch und legte das Baby an ihre Brust. Felix blinzelte schockiert und machte eine abfällige Handbewegung: „Wieso gibst du ihr keine Flasche? Ich meine, so etwas ist doch total altmodisch!“
„Was ist altmodisch?“, fragte seine Mutter verblüfft.
„Na, das!“ Felix suchte nach den richtigen Worten.
„Das Stillen?“
„Ja, genau! Kannst du ihr nicht die Flasche geben! Das ist doch peinlich! Stell dir vor, es kommt jemand!“
„Felix!“, schimpfte seine Mutter. „Erstens habe ich dich genauso gestillt! Zweitens ist es nicht altmodisch und drittens ist es etwas völlig Natürliches! Es ist überhaupt nichts dabei, wenn ich mein Baby stille!“
„Machst du das dann auch in der Öffentlichkeit?“, fragte Felix konsterniert.
„Ja, ich mache DAS auch in der Öffentlichkeit!“
„No, you won‘t!“, mischte sich Ray unvermittelt ein.
„Wie bitte?“, fragte seine Frau verblüfft.
„Bei uns ziehen sich die Frauen zum Stillen zurück! In Amerika sind wir sehr prüde, weißt du!“
„Aha! Aber hier nicht. Solange ich in Deutschland bin wird es ja wohl okay sein!“ Ihr Ton klang einigermaßen patzig.
Ray ließ seine Daumen im Gürtel verschwinden und legte den Kopf etwas schräg. „Hier im Haus ist es okay, woanders nicht!“
Felix konnte sich ein Grinsen nicht verkneifen, denn es war das erste Mal, dass Ray seiner Frau eine Anweisung gab, und zwar so, dass es klar war, dass er dies nicht zu diskutieren wünschte.

Jennifer klimperte mit ihren Wimpern und kokettierte frech: „Aber natürlich, darling!"
„Good!", nickte Ray mit seinem Kopf.
Felix war sprachlos. Wieso gab seine Mutter einfach nach? Ohne Diskussion, schlagfertige Argumente, Vorträge zur Emanzipation der Frau oder Ähnliches. Im Grunde fand er ihr Nachgeben ganz okay, denn nichts wäre peinlicher, als wenn sie im Wirtshaus ihren Busen heraushängen ließ, aber er staunte über ihre Sanftmütigkeit. Vielleicht waren die Sitten in Amerika ja wirklich ganz anders.
Misstrauisch beobachtete er, wie seine kleine Schwester an der Brustwarze saugte, und er fragte sich, ob er sich je an diesen Anblick gewöhnen würde.
Ray schleppte die Tasche nach oben und Felix folgte ihm dankbar. Er musste über einiges nachdenken und so floh er fast aus der Gegenwart seiner Mutter. Ray stellte die Tasche ins Schlafzimmer und richtete den Stubenwagen für seine Tochter her. Jennifer hatte ihn auf dem Flohmarkt gekauft, zusammen mit einigen Dingen, die sie unbedingt brauchte, ehe sie mit Ray nach Amerika ging. Das dritte Zimmer blieb verwaist, denn es lohnte sich nicht mehr das Kinderzimmer einzurichten, wenn sie ohnehin bald umzogen. Felix fand das alles seltsam. Viel zu schnell rückte sein Abschluss näher und damit die Entscheidung, was er eigentlich tun sollte. Außerdem war da noch sein Vater, der auch ein Wörtchen mitzureden hatte. Durfte er überhaupt eine Entscheidung treffen?

Das Unheil kam im Form eines kurzen Briefes, der von der Schulleitung unterschrieben worden war: „Wegen des häufigen Fehlens ist die Leistungsfeststellung im Fach Sport nicht möglich und damit die Teilnahme am qualifizierenden Hauptschulabschluss gefährdet!"

Jennifer Two-Knives war sprachlos: „Was soll das heißen?"
„Dass dem Sportlehrer einige Noten fehlen, weil ich so oft den Unterricht versäumt habe! Du weiß schon! Die Gehirnerschütterung!", erklärte Felix unglücklich.
„Ach so! Der Depp ist Schuld an deiner Gehirnerschütterung und dies nimmt er zum Anlass, dich zu disqualifizieren?"
„Sozusagen!", stimmte Felix zu. „Er ist halt sauer, weil ich ihm Schwierigkeiten gemacht habe!"
„Und wieso kannst du die Noten nicht nachholen?"
„Weil er keine Lust hat!"
Seine Mutter atmete tief ein und stemmte ihre Hände in die Hüften: „Und jetzt?"
„Macht doch nichts! Ich mache halt den Quali in Kunst! Da habe ich doch auch eine zwei!"
„Ja, eine Zwei! Aber keine Eins!"
„Lieber eine Zwei in Kunst, als eine schlechte Note in Sport! Der Depp würde mir ja ohnehin nur schlechte Noten reinwürgen!", meinte Felix bitter.
„Sag mal? Wo leben wir eigentlich?", fauchte seine Mutter wütend.
„In Bayern! Da sind Leute, die anders denken, nicht erwünscht!"

Die Pfingstferien vergingen mit Lernen, denn auch Felix erkannte, dass es kurz vor knapp war. Ein bisschen Angst hatte er nun schon, auch, weil er plötzlich erkannte, dass von seinen Noten seine weitere Zukunft abhing.
Von der Kinderpflegeschule kam tatsächlich eine Zusage, und somit hatte er einen Ausbildungsplatz in der Tasche. Das gab ihm ein wenig Rückendeckung.
Die mündliche Prüfung in Englisch verlief unerwartet gut, denn die vielen Gespräche mit Ray hatten ihn gut vorbereitet. Auch

die schriftliche Prüfung war in seinen Augen einfach, dafür stand er in Mathe auf der Kippe. Deutsch war wider Erwarten schwer, nicht die Textbetrachtung, sondern das Diktat.
Hier machte es sich deutlich bemerkbar, dass seine Mutter nicht mehr mit ihm geübt hatte. In Kunst erhielt er für sein, in seinen Augen sehr gelungenes Bild, nur eine Drei und ehrlicherweise musste er sich eingestehen, dass dies offensichtlich eine Rache des Kunstlehrers für all seine versäumten Stunden war. Die Streifzüge zur Bäckerei schlugen sich nun negativ in seinem Ergebnis nieder! Pech gehabt!
Felix hätte am liebsten gekotzt, aber er nahm diese Demütigung kommentarlos hin. Selbst seine Mitschüler äußerten sich empört über diese Ungerechtigkeit, aber er zuckte nur wortlos mit seinen Schultern.
Arbeitslehre war ein reines Lernfach, aber hier wurde ihm seine Unordnung zum Verhängnis. Die meisten Fragen konnte er sicher beantworten, aber zwischendurch fehlten ihm offensichtlich irgendwelche Einträge. Seine Leistung wurde mit befriedigend bewertet, was noch nicht einmal schlecht war, aber vielleicht zu wenig, wenn es um den Quali ging. Zum ersten Mal bereute er es, dass er nicht stärker oder überhaupt darum gekämpft hatte, den Sportquali machen zu dürfen.
Die nächste Katastrophe kam in Form einer Terminüberschneidung. Der Direktor hatte übersehen, dass Felix sich von Sport auf Kunst umgemeldet hatte, und hatte den Termin der Kunstprüfung zum gleichen Zeitpunkt wie die Prüfung in Hauswirtschaft angesetzt. Nachdem er zu Hauswirtschaft nicht erschienen war, wurde seine Leistung nun mit Sechs bewertet.
Wieder intervenierte Jennifer Two-Knives und sprach bei dem Direktor vor.
Der Direktor wollte sich natürlich eine Nachlässigkeit nicht nachreden lassen und schob die Verantwortung auf Felix.

„Es ist doch sehr seltsam, dass immer Felix solche Dinge passieren!“, erklärte er genervt.
Felix verteidigte sich empört: „Ich habe Ihnen ja gesagt, dass ich nicht Kunst und Hauswirtschaft am gleichen Tag machen kann! Und Sie haben gesagt, dass Sie mir einen anderen Termin geben würden!“
„Daran kann ich mich nicht erinnern!“, behauptete der Direktor mit fester Stimme.
„Doch! Wir haben ja noch gemeinsam auf den Terminkalender geschaut!“
„Nun! Dann hättest du eben noch mal nachsehen müssen, ob auch alles seine Richtigkeit hat!“
Jennifer Two-Knives schnaubte ungläubig: „Das ganze Jahr verbieten Sie den Kindern das Denken, und dann setzen Sie es plötzlich voraus!“
Der Direktor wurde dunkelrot vor Ärger: „Was wollen Sie mir hier eigentlich unterstellen?“
„Dass Sie ihren Job nicht richtig machen! Mein Sohn hat auf ein Planungsdefizit hingewiesen und Sie haben sich nicht darum gekümmert! Und jetzt ist mein Sohn der Leidtragende!“
„Nun, das ist Ihre Ansicht!“
„Und wie gehen wir nun damit um?“, fragte Jennifer Two-Knives ungehalten.
Der Direktor kniff die Augen zusammen und musterte sie wie eine Klapperschlange. Dann meinte er plötzlich: „Nun, in Anbetracht dessen, dass Felix tatsächlich die Prüfung in Hauswirtschaft wegen der Kunstprüfung verpasst hat, könnte ich einen Nachtermin ansetzen!“
Jennifer Two-Knives lächelte erfreut: „Das wäre natürlich außerordentlich zuvorkommend von Ihnen!“
„Gut! Dann setzen wir nächsten Montag um vierzehn Uhr fest! Nur damit es nicht wieder zu irgendwelchen Missverständnissen

kommt! Und Felix sollte sich bis dahin noch einmal sorgfältig die Rezepte durchlesen"

„Das wird er, keine Sorge!", versicherte Jennifer Two-Knives energisch.

Gemeinsam verließen sie das Zimmer des Direktors und Felix schnaufte erleichtert durch. „So ein Arsch!", meinte er empört. „Tut so, als hätte ich diesen Termin übersehen!"

„Nun, das nächste Mal kümmerst du dich besser um solche Sachen und forschst noch mal nach!"

„Ich hatte mich drum gekümmert! Aber du weißt ja, wie der Direktor reagiert, wenn man dreimal wegen der gleichen Sache kommt! Da hätte er genauso gemotzt! Er kann mich einfach nicht leiden!"

„Findest du es nicht seltsam, dass immer die anderen dich nicht leiden können? Vielleicht solltest du mal an deinen Umgangsformen arbeiten! Da wäre vieles im Leben um einiges leichter!"

Felix schwieg verärgert. Immer war er Schuld!

Sie fuhren nach Hause, mit dieser Stille zwischen ihnen, die sich wie eine dunkle Wolke auf ihr Gemüt legte. Felix lümmelte im Beifahrersitz und schaute betont desinteressiert aus dem Fenster. Er wollte seine Mutter nicht verärgern, er wollte ihr keine Sorgen bereiten, aber immer wieder brachte er die Welt gegen sich auf. Warum nur?

Stets hatte seine Mutter versucht, ihn zu einem mündigen Menschen zu erziehen, zu jemandem, der seine Meinung sagte, aber in der Schule war dieses Verhalten keinesfalls erwünscht! Er kam sich vor wie ein Krieger, der mit der Lanze in der Hand kämpfte und letztendlich hatte seine Mutter ihn genau dazu erzogen!

Er kicherte plötzlich, als er sich mit Federn im Haar und Lanze in der Hand vorstellte. Ja! Er war ihr kleiner Krieger!

„Was ist so lustig?", fragte seine Mutter empört.

„Na, du!“, antwortete Felix ehrlich.
„Du verbockst gerade eine Prüfung nach der anderen und wagst es noch frech zu werden?“
„Yeah!“, pfiff Felix durch die Zähne, dann bequemte er sich zu einer Erklärung: „Weil du mir das alles eingebrockt hast!“
„Ich!?“
„Genau! Immer war ich dein Akitschita tschikala. Dein kleiner Krieger! Immer warst du stolz auf mich, wenn ich mich für meine Klassenkameraden eingesetzt habe oder meine Meinung gesagt habe. Aber von den Konsequenzen wolltest du nichts wissen!“
„Mein Schatz! Du bist nicht vom Gymnasium geflogen, weil du dich für deine Mitschüler eingesetzt hast, sondern, weil du sie verprügelt hast.“, wies ihn seine Mutter zurecht. „Und auch hier scheint mir eher deine Nachlässigkeit und deine Schlamperei das Problem zu sein!“
„Schon!“, stimmte ihr Felix zu. Und dennoch! Meist kamen diese Dinge erst, nachdem er zu oft seine Meinung gesagt und die Lehrer gegen ihn aufgebracht hatte!
„Wie stehen deine Noten denn?“, wechselte Jennifer Two-Knives das Thema.
„Keine Ahnung. Nicht schlecht, denke ich!“

Zu Hause wartete bereits Ray auf sie, mit einem Bündel geballter Empörung im Arm. Felix staunte, wie so ein kleiner Mensch bereits so wütend sein konnte. Dicke Tränen hingen in Mayas Augen, ihr Gesicht war verschwitzt und wirkte so zerknittert wie das einer Schildkröte. Schuldbewusst nahm Jennifer ihre Tochter auf den Arm und schaukelte sie sacht hin und her. Dann ließ sie sich auf das Sofa fallen, um ihr die Brust zu geben.
Ray grinste erleichtert und setzte sich abwartend daneben. „Mann, die war ganz schön sauer!“
„'Tschuldige! Aber das Gespräch hat doch etwas länger gedauert!“,

entschuldigte sich seine Frau.
„Und? Was ist dabei herausgekommen?"
„Felix darf die Prüfung wiederholen!"
„Dann ist es ja gut!", lächelte Ray freundlich.
Jetzt, da es nicht mehr lange dauerte, bis er in seine Heimat zurückkehrte, schien er geradezu aufgeräumt und glücklich zu sein. Er lachte oft, machte Pläne für eine Konzerttournee und kaufte Geschenke für seine Kinder.

Einige Dörfer weiter hatte er einen Reitstall gefunden, deren Mitglieder im Westernstil ritten und es lustig fanden, wenn ein echter Indianer ihre Ponys bewegte. Fast täglich galoppierte Ray nun über die Feldwege, manchmal auch Wiesen, bis ihm jemand erklärte, dass er dies in Deutschland nicht tun dürfte. Es ging ihm sichtlich besser, besonders der Kontakt zu den Pferden tat ihm gut oder auch der Wind, der ihm um die Nase wehte.
Immer wieder wunderte er sich, wie eng alles war, eingegrenzt von Zäunen und Stacheldraht oder Verbotsschildern. Es gab sogar Schilder, die das Reiten auf bestimmten Wegen untersagten, und er konnte darüber nur den Kopf schütteln.

Langsam wurde es heiß, natürlich unterbrochen von den regelmäßigen Gewitterschauern, und die beiden Männer gingen oft zum Baden. Felix fühlte sich in Gegenwart von Ray wie ein Mann, scherzte und alberte mit ihm herum oder versuchte sich in Wettspielen. Besonders am Weiher fiel ihm auf, dass sich Ray im Sommer kaum von der Hautfarbe der anderen unterschied. Nur seine dunklen Augen und sein rabenschwarzes Haar verrieten seine indianische Herkunft, aber es gab mindestens zwei Jugendliche im Ort, die genauso dunkel wirkten.
Seine Frau maulte manchmal, wenn er sich den ganzen Tag verdrückte und Jennifer mit der Hausarbeit allein ließ. Dann rächte

sie sich, indem sie ihn mit Maya zum Einkaufen schickte oder ihn spazieren gehen ließ, bis die Kleine eingeschlafen war.
Anfangs hatte sich Ray geweigert, es nicht männlich gefunden, einen Kinderwagen zu schieben. Doch dann hatte er sich den deutschen Sitten angepasst. Schwungvoll schob er den Buggy durch das Dorf, fuhr manchmal etwas zu rasant um eine Kurve, sodass Mayas Kopf hin und her wackelte.
Jennifer Two-Knives hatte auf einen großen Kinderwagen verzichtet, in dem Maya etwas sicherer gelegen wäre, einfach, weil sie das sperrige Ding im Flugzeug sowieso nicht mitnehmen konnte.
Ein Buggy ließ sich da wesentlich leichter transportieren.
So schaute Maya bereits im zartesten Alter mit ihren wachen Augen in die Welt, strampelte vergnügt, wenn ihr Vater sie respektlos durch das Dorf kurvte.
Am Morgen Semmeln zu kaufen dauerte immer wesentlich länger als bei seiner Frau, weil Ray sich mit anderen Männern zu einem Espresso traf und vor dem Bäcker eine angeregte Unterhaltung führte. Auch beim Metzger kam er so schnell nicht wieder heraus, denn die Dame verwickelte ihn in harmlose Gespräche oder herzte das Baby.
„Über was redet ihr eigentlich?“, blitzte ihn dann seine Frau wütend an, wenn sie zwei Stunden auf die frischen Frühstückssemmeln warten musste, und Ray eigentlich erst nach Hause kam, wenn Maya am Verhungern war.
„Über nichts!“, kam dann die erstaunte Antwort.

Schließlich stand die Prüfung in Hauswirtschaft auf dem Plan und Felix fuhr am Montagnachmittag zur Schule. Felix bereitete die Zutaten vor, überlegte sich gründlich, in welcher Reihenfolge er die Speisen zubereiten musste, damit alles rechtzeitig fertig wurde und machte sich ans Kochen. Zwischendurch deckte er

den Tisch für die drei Lehrkräfte, die seine Speisen bewerten sollten. Unter ihnen war auch der Direktor und Felix stellte sich vor, wie er ihm ein bisschen Gift untermischte!
Als Vorspeise gab es eine Speckknödelsuppe, dann Putengeschnetzeltes mit selbst gemachtem Kartoffelbrei und anschließend Ambrosiacreme.
Die Kartoffeln waren nicht ganz durch, als er sie pürierte, doch im Geschmack war der Kartoffelbrei hervorragend. Die Speckknödel waren nicht ganz gleichmäßig, außerdem musste die Suppe nach gesalzen werden, aber die Hauswirtschaftslehrerin hatte immer ermahnt, die Speisen nicht zu stark zu würzen, weil das Geschmackssache sei.
Die Ambrosiacreme war wunderbar, schmeckte selbst der sonst so kritischen Lehrerin und mit dem Gefühl sich ganz gut durch die Prüfung gerettet zu haben, fuhr Felix mit dem letzten Schulbus nach Hause. Die Speckknödelsuppe durfte er in einer Schüssel mitnehmen und so servierte er sie ebenfalls seiner Mutter.
„Hmh! Sehr lecker! So etwas kannst du ruhig öfter kochen!“, lobte ihn seine Mutter. Auch Ray war sichtlich angetan und ließ sich einen zweiten Teller füllen. „I love German soups!“

Die Ernüchterung kam einige Tage später. Felix hatte den qualifizierenden Hauptschulabschluss in Englisch zwar bestanden, aber in den anderen Fächern eben nicht. Ausschlaggebend war die schlechte Beurteilung im Fach Hauswirtschaft, in dem er mit „Fünf“ bewertet worden war. Felix lag damit in seinen Prüfungsergebnissen knapp über dem nötigen Durchschnitt und hatte nun lediglich den Hauptschulabschluss.
Seine Mutter kochte vor Wut und fuhr postwendend zum Direktor, um ihm zur Rede zur stellen.
„Wegen einer Speckknödelsuppe!“, keifte sie im Auto und Felix sank noch tiefer in dem Sitz zusammen.

Mit Maya in ihrem transportablen Kindersitz im Arm stürmte sie in das Büro des Direktors, Felix im Schlepptau, der unglücklich den Kopf senkte. Was wollte sie noch! Es war doch klar, dass der Direktor ihm eins auswischen wollte!
Wieso gab sie sich noch die Blöße und verlangte eine Erklärung von diesem Despoten? Für die Kinderpflegeschule reichte ihm doch auch der Hauptschulabschluss! Nur sein Vater würde wenig begeistert sein, denn nun war der M-Zug für ihn abgefahren oder die Möglichkeit später zur Fachoberschule zu gehen!

„Frau Ronacher!", meinte der Direktor überrascht. „Ich habe jetzt gerade keine Zeit für Sie!"
„Sie haben Zeit für mich! Und zwar jetzt!", fauchte Jennifer Two-Knives wütend.
„Nun gut! Obwohl ich nicht sehe, wie ich Ihnen helfen kann!"
Der Direktor zeigte auf die zwei gelben Sessel und ließ seine ungebetenen Gäste sich setzen. Etwas irritiert schaute er auf das Baby, das ihn neugierig ansah.
„Nun?", fragte er genervt.
„Ich möchte eine Erklärung, warum mein Sohn durch die Prüfung gefallen ist!"
„Er ist nicht durch die Prüfung gefallen! Er hat doch einen ganz guten Hauptschulabschluss!", verteidigte sich der Direktor.
„Aber er hat den Quali nicht! Das heißt, dass er den M-Zug nicht machen kann!"
„Nun, dann hätte er eben mehr lernen müssen, wenn ihm das so wichtig ist!"
„Mein Sohn hat gelernt! Aber Sie lassen ihn wegen der Note in Hauswirtschaft durchfallen! Ich habe mich erkundigt! In anderen Schulen bekommen die Kinder bereits eine Drei, wenn sie es nur schaffen, das Essen auf den Tisch zu kriegen! Was war denn so schlimm, dass Sie ihm eine Fünf geben mussten?"

Der Direktor lächelte süffisant: „Mich interessiert nicht, welches Niveau in anderen Schulen besteht! Hier bekommen die Kinder eine vernünftige Ausbildung und diesem Standart hat Felix eben nicht genügt! Vielleicht hätte er ein paar Mal mehr am Unterricht teilnehmen sollen! Das gleiche gilt auch für Kunst!"
„Ach so! Sie geben also zu, dass es sich um eine Disziplinarmaßnahme handelt? Felix passt Ihnen nicht in den Kram und da wirft man ihm eben ein paar Knüppel zwischen die Beine!" Jennifer Two-Knives spuckte fast vor Wut. „Durchgefallen wegen einer Speckknödelsuppe!"
Der Direktor lehnte sich zurück und ließ die Wut an sich abprallen. „Das ist Ihre Interpretation!", meinte er mit einem schleimigen Lächeln. „Ich sage lediglich, dass seine mangelnde Teilnahme letztendlich dazu geführt hat, dass seine Leistungen nicht so waren, wie sie seinem tatsächlichen Leistungsstand entsprachen. Was ich sehr schade finde!"
„Aha! Und deshalb lassen Sie ihn wegen einer Speckknödelsuppe durchfallen?"
„Sie sehen das zu eng! Schließlich stehen Felix noch genügend Wege offen. Wenn er sich endlich zusammenreißt und seine Aufmerksamkeit auf seine Ausbildung richtet."
„Und was soll er, Ihrer Meinung nach, für eine Ausbildung machen, wenn er noch nicht einmal den Quali hat?"
Wieder lächelte der Direktor in seiner süffisanten Art: „Nun, das ist nicht mein Problem! Vielleicht hätte er sich schon eher um einen Ausbildungsplatz bemühen sollen!"
Felix rutschte unruhig hin und her, hätte diesem Typen am liebsten ins Gesicht gespuckt. „Das brauche ich nicht!", quetschte er mühsam hervor. „Ich habe einen Ausbildungsplatz an der Kinderpflegeschule!"
„Na, wenn das dein Niveau ist!", feixte der Direktor. „Da kannst du ja mit deinesgleichen spielen!"

Felix starrte ihn wortlos an, erkannte mit einem Mal, dass er tatsächlich nie eine Chance gehabt hatte. Nicht bei diesem Typen!
Dann staunte er, als seine Mutter plötzlich vollkommen ruhig aufstand und nach ihrer Tochter griff, um das Zimmer zu verlassen. Mit einem triumphierenden Lächeln drehte sie sich zu dem Direktor an: „Sie haben Recht. Das ist nicht sein Niveau. Ich werde Ihnen sagen, was Felix machen wird. Ich kehre mit meinem Mann nach Amerika zurück. Dort wird Felix im Herbst in die High-School gehen und nach seinem Abschluss das stammeseigene College besuchen!"
„Welches stammeseigene College?", fragte der Direktor vollkommen aus dem Konzept gebracht.
„Mein Mann ist Sioux! Und ich heiße nicht Ronacher, sondern Jennifer Two-Knives! Mein Mann fühlt sich in diesem engstirnigen Deutschland, wo über die Zukunft eines Jungen mit einer Speckknödelsuppe entschieden wird, nicht wohl! Also kehren wir zurück und Felix wird an dem College seines Stammes studieren. So einfach ist das. Sehen Sie? Wir brauchen Ihr Wohlwollen nicht!"
Hocherhobenen Hauptes verschwand Jennifer Two-Knives aus dem Büro. Felix erhob sich ebenfalls mit einem zufriedenen Lächeln. Mann! Seine Mutter hatte es diesem Typen aber gegeben! High-School und College! Das klang doch gar nicht schlecht!
Irritiert musterte ihn der Direktor, kämpfte sichtlich mit diesen neuen Informationen, die ihm keinesfalls gefielen. Normalerweise war er es, der Schicksal spielte und über die Zukunft der Kinder entschied!
„Na dann…", murmelte er leise. „dann wünsche ich dir alles Gute! Vielleicht reißt du dich ja dort besser zusammen!"
„Bestimmt!", grinste Felix. Er ignorierte die ausgestreckte Hand des Direktors, drehte sich um und folgte seiner Mutter. Mann! Was für ein Auftritt!

Entscheidungen

Im Auto war es dann doch still zwischen ihnen. Maya krähte auf dem Rücksitz, wusste nichts von den Konflikten der Welt.
„Meinst du das echt?“, fragte Felix seine Mutter.
„Was?“
„Na, das mit der High-School und so?“
„Keine Ahnung!“, meinte seine Mutter. „Ich wollte dieser Mistmade einfach nicht das Gefühl lassen, gewonnen zu haben!“
Mistmade! Sie hatte Mistmade gesagt! Oh! Felix liebte seine Mutter!
„Und jetzt?“
„Keine Ahnung!“, zuckte seine Mutter die Schultern. „Ich muss darüber mit Ray reden! Wahrscheinlich testen sie deinen Leistungsstand und entscheiden dann in welche Klasse du gehst! Das hängt auch davon ab, wie gut dein Englisch ist!“
„Und dann kann ich in Amerika studieren?“
„Vielleicht! Ich habe keine Ahnung, ob das was kostet. Außerdem muss dein Vater damit einverstanden sein!“
„Hast du mit ihm schon geredet?“
„Ja! Er geht davon aus, dass du bei ihm wohnst und den M-Zug machst!“
„Ich habe aber den Quali nicht bestanden.“, gab Felix zu bedenken.
„Nein, hast du nicht! Das ändert vieles. Ich bin ja mal gespannt, wie du das deinem Vater erklären willst!“
Felix sank in sich zusammen. Oh Mann! Er hatte die Diskussion jetzt schon satt. In den Augen seines Vaters wäre er ein Versager! Niemals würde er die Geschichte mit der Speckknödelsuppe glauben! Niemals! „Kannst du ihm das nicht erzählen?“, bat er leise.

„Ich?“, hustete seine Mutter. „Oh nein!“
„Super!“, unkte Felix verzweifelt. „Ganz toll!“

Das Gespräch mit seinem Vater verlief dann aber wider Erwarten glimpflich. Frank Ronacher konnte sich einfach nicht vorstellen, einen dummen Sohn zu haben und nahm ihm die Geschichte mit der Speckknödelsuppe ab. „Ich werde meinen Anwalt einschalten und diesem Direktor die Hölle heiß machen!“, drohte er verärgert.
Felix kicherte vor Erleichterung: „Echt? Ich wusste gar nicht, dass man gute Noten einklagen kann!“
„Oh doch! Und dann müssen deine Lehrer lückenlos die Noten und deren Bewertung in Vergleich zum Klassendurchschnitt nachweisen. Mal sehen, ob man diesen Typen nicht damit knacken kann. Vor allem die Geschichte mit der Sportnote ist eine Frechheit!“
Felix senkte den Kopf und musterte die weißen Socken an seinen Füßen. Er hatte keine Lust mehr auf Diskussionen und Kämpfe. Am liebsten würde er niemandem mehr aus dieser Schule sehen! Nicht einmal zur Abschlussfahrt war er mitgefahren, was die Klassenlehrerin sehr bedauerte und auch nicht gut fand. Seine Mutter hatte darum gebeten, dass man ihm das Zeugnis zuschickte, was ihr allerdings verwehrt wurde, weil Felix noch nicht alle Schulbücher abgegeben hatte. Wutschnaubend fuhr also seine Mutter ein letztes Mal in die Schule, knallte der Lehrerin die Bücher auf den Tisch, bezahlte ein Arbeitslehrebuch, das Felix nicht mehr finden konnte, und kam mit dem Zeugnis nach Hause zurück.

In den nächsten Tagen kam dann sein Vater vorbei, um das weitere Vorgehen wegen Felix zu besprechen.
Sie saßen gemütlich auf der Terrasse zusammen, tranken Rot-

wein und Coca-Cola, unterhielten sich beiläufig über die bevorstehende Reise und Frank bewunderte großmütig das Baby seiner Ex-Frau. „Süß ist sie ja schon! Vielleicht hätten wir doch mehr Kinder haben sollen?“

„Aber Frank! Denk doch an die Unterhaltszahlungen!“, stichelte Jennifer.

„Auch wieder wahr!“, grinste Felix Vater und schnitt eine Grimasse. „Wobei wir beim Thema wären! Was machen wir nun mit Felix?“

Felix schnaubte empört: „Ihr redet über mich, als wäre ich nicht da! Vielleicht kann ich auch ein Wörtchen mitreden?“

„Klar kannst du das! Wenn wir uns einig sind!“

Vorsichtig mischte Ray sich ein und nahm Felix in Schutz: „Wisst ihr! Ich denke, dass Felix alt genug ist, um seine eigenen Entscheidungen zu treffen! Wir sollten hören, was er eigentlich will!“

Felix sah dankbar auf seinen Stiefvater und blickte unsicher zwischen ihm und seinem wirklichen Vater hin und her. Noch wagte er es nicht, seinem Vater offen zu widersprechen.

„Nun!“, meinte Herr Ronacher gedehnt. „Ich glaube nicht, dass Felix bereits die Folgen seiner Entscheidung abschätzen kann! Das habe ich schon früher gesagt und das ist auch jetzt meine Meinung. Er sucht doch bloß das Abenteuer!“

Ray grinste amüsiert: „Suchen wir das nicht alle? Er ist alt genug, um Erfahrungen zu sammeln und zu lernen! Warum hören wir uns nicht an, was er überhaupt vorhat?“

Frank Ronacher runzelte die Stirn, doch dann nickte er sein Einverständnis. „Also gut! Wie sehen deine Pläne für die Zukunft aus?“, wandte er sich an seinen Sohn.

„Keine Ahnung!“, antwortete Felix, der von der umfassenden Frage völlig überfordert war.

„Hier könnte ich auf die Kinderpflegeschule gehen und nach zwei Jahren den mittleren Bildungsabschluss machen…!“

Er zögerte, als sein Vater abfällig schnaubte. „Aber das ist ja meinem Vater nicht recht!“, meinte er bissig. „Sohnemann soll ja studieren! Und das kann ich nur in Amerika!“
Sein Vater pfiff verächtlich durch die Zähne und schüttelte den Kopf: „Das sehe ich noch nicht! Du hockst in irgendeiner vorsintflutlichen Reservationsschule und versauerst da! Weißt du eigentlich, wie schlecht das Bildungsniveau dieser Schulen ist?“
Felix zuckte mit den Schultern: „Das interessiert keine Sau, wenn ich dort studiere! Zum Schluss zählen nur die Papiere!“
Sein Vater schlug die Beine übereinander und lächelte breit: „Stimmt! Zum Schluss zählt nur das Papier! Das du im Moment nicht hast!“
Felix senkte bockig den Kopf und blieb seinem Vater eine Antwort schuldig. Immer das gleiche!
Sein Vater redete wieder mal an ihm vorbei, behandelte ihn wie ein kleines Kind. Er diskutierte mit seiner Ex-Frau über die Unterhaltszahlungen, Kindergeld, Besuchsregelungen und Ferienzeiten. Dann besprachen sie die Variante, wenn Felix in Deutschland bei seinem Vater blieb und die Kinderpflegeschule besuchte.
Ray hielt sich zurück, schmuste mit seiner Tochter und überließ das Gespräch seiner Frau. Irgendwann wandte sich Frank Ronacher an Ray. „Was sagst du eigentlich dazu?“
„Ich?“, wunderte sich Ray.
„Na ja, immerhin soll Felix ja bei dir wohnen! Da interessiert mich schon, wie du dazu stehst! Und wie das mit der Schule klappen soll!“
Ray riss verwundert die Augen auf: „Mein Haus ist groß genug, dass Felix darin ein eigenes Zimmer hat! Für unsere Verhältnisse ist das bereits Luxus! Meine Ranch ist nicht weit entfernt von St. Francis und Mission, wo sich die Highschool und die University befinden! Außerdem fahren dort Schulbusse! Wenn Felix sech-

zehn ist kann er in Amerika den Führerschein machen! Ein Auto kostet bei uns nicht viel!"
„Super!", freute sich Felix, dachte voller Begeisterung an seinen bevorstehenden Geburtstag. „Mit sechzehn!"
„Obwohl so ein Auto natürlich auch ein tolles Geburtstagsgeschenk wäre! So von Vater zu Sohn!" Ray klimperte vielsagend mit seinen langen Wimpern und grinste diabolisch.
„Euch beiden brennt ja wohl der Hut!", brummte Frank Ronacher indigniert. Aber dann nickte er zustimmend: „Keine schlechte Idee! Wenigstens mal ein Geschenk, das Hand und Fuß hat! Und wie wird Felix mit den anderen Kindern zurechtkommen? Ich meine, als Weißer unter Indianern?"
Felix lachte seltsam berührt. Darüber hatte er überhaupt noch nicht nachgedacht! Er wäre nicht nur Ausländer, sondern auch noch weiß! Zweimal Außenseiter!
Ray legte nachdenklich den Kopf schief: „Nun! Leicht wird es nicht! Auch wir haben Rassisten auf der Rez! Aber Felix wird zu meiner Familie gehören! Und es gibt noch mehr weiße Kinder in der Schule! Von Lehrern, Professoren oder sonstigen Angestellten. Oder von deutschen Frauen, die mit Indianern verheiratet sind!" Er kicherte respektlos und warf Jennifer einen schelmischen Blick zu.
Herr Ronacher schien wenig beruhigt und wandte sich an Felix: „Und? Was sagst du dazu?"
Felix rutschte verlegen auf seinem Stuhl hin und her, schien sich jetzt auch nicht mehr ganz so sicher. Außenseiter! Darauf hatte er eigentlich keinen Bock mehr! „Keine Ahnung!", murmelte er sein Lieblingswort. „Ich kann es ja mal probieren!"
„Probieren!", höhnte sein Vater. „Du kannst nicht den Ausbildungsplatz aufgeben, nach Amerika gehen und dann in einem halben Jahr wieder anrücken, wenn es nicht klappt! Wenn, dann musst du es auch durchziehen! Zumindest, bis du die Highschool

abgeschlossen hast! Das wäre dann vergleichbar mit unserem Abitur!"
„Ach so!" Felix lehnte sich zurück und dachte darüber nach. Wie sollte er so etwas entscheiden? Er war ja noch nie „drüben" gewesen. Wie sollte er also wissen, auf was er sich einließ. Wie würde es sein auf einer Ranch zu leben? Wie würde es sein, mit lauter Indianern in die Schule zu gehen? Welche Klamotten trugen sie und welche Musik hörten sie?
„Habt ihr auf der Rez auch Internet?", fragte er misstrauisch.
Ray lachte dunkel: „Manchmal! Wenn wir unsere Telefonrechnungen bezahlen!"
„Kann ich da meinen eigenen Computer haben?"
„Klar!", erklärte Ray großzügig. „Da kannst du kostenlos mit deinem Vater telefonieren! Oder Kontakt mit deinen Freunden halten!"
„Bekomme ich da auch ein Pony?", checkte Felix die Gegebenheiten ab.
Ray winkte lässig mit seiner Hand: „Such dir eins aus!"
Felix legte den Kopf schräg und kicherte vergnügt: „Ich kann gar nicht reiten! Wollte nur wissen, ob ich's könnte!"
„Du kannst!", bestätigte Ray. „Im Cowboysattel ist es auch gar nicht schwer! Ich zeige es dir!"
„Und wenn ich ins Kino will?"
„Uh, das ist kompliziert! In Mission ist ein ganz kleines Kino! Meistens holen wir uns DVD's!"
Und was macht ihr partymäßig und so?"
„Wir machen unsere Powwows! Die Jugendlichen treffen sich im Gemeindezentrum und lernen indianische Tänze. Manchmal gibt es auch Partys! Aber es ist nicht wie hier, Felix! Darüber musst du dir im Klaren sein!"
„Aber ich kann doch nicht indianische Tänze lernen!", entrüstete sich Felix.

Er sah sich schon mit Federn geschmückt herumhüpfen und schüttelte sich.
„Doch, wenn es dich interessiert! Aber im Grunde machen unsere Jugendlichen das gleiche wie du! Sie gehen ins Kino, spielen mit der X-Box. treffen sich nach der Schule oder spielen Basketball, etc...!“, beruhigte ihn Ray. „Du wirst viel lernen müssen, und meist wirst du sowieso erst am Nachmittag nach Hause kommen. Wir haben ganztags Schule! Das hat den Vorteil, dass du viele Freizeitangebote in der Schule nutzen kannst! Wahrscheinlich bist du ganz froh, wenn du am Abend deine Ruhe hast!“
Felix zählte im Geist die Vor- und Nachteile auf, hatte im Prinzip keine große Wahl. Kinderpflegeschule im Haus seines Vaters, mit Frau Schickes-Kostüm im Nacken, die dafür sorgen würde, dass er sich die Fingernägel schnitt. Oder eine Ranch in South-Dakota bei Indianers!
Er seufzte tief, fühlte sich tatsächlich zu jung, um eine solche Entscheidung zu fällen.
Dann dachte er an seine Mutter, die so mir nichts dir nichts alles hinter sich ließ, um mit ihrem Mann in Amerika zu leben. Konnte er sie allein lassen? So ganz traute er Ray nun doch nicht!
Außerdem war da noch Maya, seine kleine Schwester! Er hatte keine Lust zwei Frauen in der Gewalt der blutrünstigen Wilden zu lassen! Vielleicht brauchten sie ja doch den edlen Retter!
„Also schön! Ich kann es mir ja mal ansehen.“, meinte er zögernd.
Sein Vater schnaubte empört: „Du willst tatsächlich mit deiner Mutter nach Amerika gehen?“ Es klang auch ein bisschen enttäuscht. „Überleg doch mal! Du hast doch bei mir ein schönes Zimmer!“
„Ja, und dann muss ich mir jeden Tag anhören, dass ich den Quali nicht geschafft habe! Ne, danke! Lieber einen ganzen

Stamm Rothäute am Hals! Ich mache in Amerika mein Abitur und dann sehen wir weiter. Später kannst du mir ja ein Studium bezahlen!"
„So ganz einverstanden bin ich damit aber noch nicht! Ich finde, dass du alles ein bisschen leicht nimmst.", mahnte sein Vater eindringlich. „Ich hätte dich lieber im Auge, damit du endlich mal was tust. Ich glaube nämlich, dass bei dir auch eine gehörige Portion Faulheit hinter deinem schlechten Abschneiden steckt!"
„Du hättest uns ja nicht verlassen müssen…", konterte Felix.
„…vielleicht wäre ich dann nicht aus dem Gymnasium geflogen!"
„Ah!", flötete sein Vater. „Hast du jetzt einen Schuldigen gefunden!?"
„Keinen Streit!", schaltete sich Jennifer ein. „Wir diskutieren hier die momentanen Gegebenheiten und schimpfen nicht über die verschüttete Milch von gestern. Das Thema ist erledigt!"
„Für mich nicht!", widersetzte sich Felix. „Schließlich muss ich jetzt die Suppe auslöffeln, die ihr mir eingebrockt habt. Mich hat niemand gefragt, ob ich zu Indianers oder zu Frau Schickes-Kostüm möchte. Ich wollte einfach nur meine Mama und meinen Papa!"
„Felix!", schimpften Herr Ronacher und Frau Two-Knives gleichzeitig.
Nur Rays Lippen wurden schmal, als er Felix in seiner ruhigen Art musterte. „Weißt du", meinte er freundlich, „manche Männer wachsen an den Herausforderungen, während andere daran zerbrechen. Du musst deinen eigenen Weg finden. Entweder du siehst in den Möglichkeiten eine Chance oder vergräbst dich in deinem Selbstmitleid. Deine Eltern gehen längst ihren eigenen Weg. Nun musst auch du eine Entscheidung treffen. Für dich! Nur für dich! Ohne Rücksicht auf die anderen zu nehmen!"
Felix war sprachlos, denn so hatte er das noch gar nicht gesehen. Stets war er zur Rücksicht erzogen worden und nun

forderte Ray ihn gerade zu auf egoistisch zu sein. Wieso sprach er dann ständig von dem Zusammenhalt seines Tioschpayes? War das alles nur Gerede gewesen?

„Du sagst doch immer, dass die Familie zusammenhalten muss?“, fragte er verwundert.

„Ja! Und es ist die Aufgabe der Erwachsenen, dass die jungen Leute ihren eigenen Weg finden. Auch, wenn sie manchmal eine falsche Entscheidung treffen. Nur durch Erfahrung wird man klug. Trotzdem bleibt die Familie und hilft, wenn es nötig ist. Und so sollte es auch hier sein. Du kannst mit uns kommen, doch wenn es nicht klappt, dann sollte das Haus deines Vaters für dich offen stehen!“

„Und wenn ich dann keinen Ausbildungsplatz bekomme?“

„Das sehen wir dann. Diese Angst sollte dich nicht jetzt an einer Entscheidung hindern. Du kannst nicht wissen, was in ein oder zwei Jahren ist. Vielleicht liegen dann die Dinge ganz anders!“

Felix riss überrascht die Augen auf, denn bei seinen Eltern klang das immer ganz anders! Von wegen Zukunftsplanung und so!

„Ich dachte, ich muss mein Leben in die Hand nehmen? Meine Zukunft planen?“, überlegte er laut.

Ray machte eine nachlässige Bewegung mit seiner Hand. „Niemand weiß, was die Zukunft einem bringt. Manchmal geschehen Dinge einfach, ohne dass du es beeinflussen kannst. So wie jetzt! Nutze die Chance, die du jetzt hast. Was sich daraus ergibt, das siehst du dann!“

Jennifer Two-Knives lächelte verliebt und hing an den Lippen ihres Ehemanns.

Frank Ronacher dagegen schien von dieser Art der Lebensplanung nicht ganz so begeistert zu sein. „Nun! Noch ist Felix kein Indianer, sondern ein Deutscher! Natürlich ist es wichtig, seine Zukunft zu planen, vor allen Dingen ein Ziel vor Augen zu haben, auf das man hin arbeitet. Ich möchte nicht, dass er in Amerika

nur herumgammelt. Wenn, dann sollte er in der festen Absicht dorthin gehen, dass er dort seinen Schulabschluss macht!"
„Aber Frank!", lächelte Jennifer beruhigend. „Stell dir doch die Chancen vor, die Felix dort hat! Und die Erfahrungen, die er dort machen kann!"
„Nun, ich sehe lediglich, was er bei dir alles nicht geschafft hat!", tadelte Frank Ronacher seine Ex-Frau.
„Aus dem Gymnasium geflogen, den Quali nicht geschafft…, du bist zu nachlässig! Felix braucht Disziplin!"
Jennifer Two-Knives wurde richtig böse: „Ach, plötzlich bin ich verantwortlich? Ich frage mich, wo du die letzten zwei Jahre gewesen bist! Hast du ein einziges Mal mit Felix gelernt? Bist du in irgendeiner Sprechstunde gewesen? Vielleicht hätte es geholfen, wenn du mit dem Direktor gesprochen hättest! Aber nein! Du musstest ja dein neues Leben genießen! Komm mir nicht mit Disziplin! Davon verstehst du nämlich gar nichts!"
Frank Ronacher zuckte sichtlich zusammen und hob beschwörend die Hände: „Keinen Streit! Keinen Streit! Wir haben beide viel falsch gemacht. Ich möchte lediglich darauf hinweisen, dass ich nicht möchte, dass Felix in Amerika vergammelt. Dafür ist der Junge zu intelligent. Und noch eine Chance bekommt er nicht!"
„Schön! Du bist also einverstanden, dass Felix mit uns nach Amerika geht?", folgerte Jennifer augenzwinkernd.
„Äh! Ja! Also!", zögerte Frank nun doch etwas überrascht. „Grundsätzlich hätte ich nichts dagegen einzuwenden. Ich würde natürlich auch die Unterhaltszahlungen nach Amerika überweisen, wenn euch das was nützt!"
„Natürlich!", nickte Jennifer mit ihrem Kopf.
„Dann bleibt nur noch die Ferienregelung. Felix wird ja wohl kaum alle vierzehn Tage nach Deutschland fliegen können!"
Jennifer runzelte nachdenklich die Stirn und blickte auf ihren

Sohn: „Was meinst du, Felix!? Möchtest du nach Amerika? Oder willst du lieber bei deinem Vater bleiben?"
Felix schluckte schwer und dachte darüber nach. Eigentlich lockte ihn schon das Abenteuer, und die Idee, dass er einfach abwarten konnte, was die Zukunft für ihn bereithielt. Ohne diese minutiöse Planung, dieses Schreckgespenst aus weiterführenden Schulen, Studium und was Erwachsene sich sonst ausdachten.
„Ich glaube, ich schaue mir dieses Amerika mal an!", grinste er erleichtert.
„Das ist toll!", freute sich seine Mutter.
„Cool!", stimmte Ray zu. „Welcome to my family!" Willkommen in meiner Familie!
„Und wann sehe ich Felix dann?", argwöhnte Frank Ronacher.
Jennifer zuckte unentschlossen mit ihren Schultern: „Das ist auch ein finanzielles Problem. So ein Flug kostet schon eine Stange Geld. Das lohnt sich nur, wenn Felix für ein paar Wochen zu dir kommt!"
„Was schlägst du also vor?"
„Vielleicht zwei Wochen zu Weihnachten und in den Sommerferien! Oder du kommst uns zwischendurch mal besuchen!"
„Ich könnte ja auch Urlaub in Amerika machen und Felix dazu mitnehmen! Vielleicht im Winter Skifahren! Was meint ihr?"
„Yeah!", lachte Ray. „Oder Urlaub auf meiner Ranch!"
„Na, zuviel trautes Familienglück wollen wir nun doch nicht!", brummte Frank seltsam berührt.

Der Abend wurde wunderschön. Jennifer ließ über den Pizzaservice einige Salate und verschiedene Pizzas anliefern, die alle mit Appetit verzehrten.
Felix fand es toll, dass seine Eltern tatsächlich gemeinsam an einem Tisch saßen und sich wie normale Menschen unterhielten. Die letzten Treffen hatte er als sehr unangenehm in Erinne-

rung. Gegenseitige Anschuldigungen, Streitereien um das Geld, hysterische Anfälle von seiner Mutter. Es war schön, dass seine Mutter nun wieder glücklich war und das Leben irgendwie weiter ging. Manchmal geschehen diese Dinge einfach, ohne, dass man sie beeinflussen kann!

Felix seufzte tief, als er an die Worte von Ray dachte. Manchmal war es doch ganz gut, wenn man einen Indianer in der Familie hatte. Die hatten irgendwie so eine entspannte Art!

Ray war cool! Richtig cool!

Mit ihm konnte man von Mann zu Mann reden. Mit Ray hatte er das Gefühl ernst genommen zu werden, ohne Erwartungen, ohne Kompromisse, ohne Zugeständnisse.

Felix wollte keine perfekte Lebensplanung, sondern er wollte Felix sein! Und dazu gehörten eben seine X-Box, seine Freunde, vielleicht mal eine Freundin, Partys, Kino, spannende Filme, Bücher und ganz zum Schluss…die Schule. Für Ray war diese Reihenfolge in Ordnung. Oder gab es auf der Ranch irgendwelche Verpflichtungen?

Vorsichtig lenkte er das Gespräch auf die bevorstehende Reise, klopfte ab, welche Aufgaben in seiner neuen Heimat auf ihn warteten. Ray grinste locker, als er die wahren Befürchtungen seines Stiefsohnes erkannte. „Du willst wissen, ob du auf der Ranch helfen musst!?“

„Genau!“

Ray trank einige Schlucke Mineralwasser, erst dann bequemte er sich zu einer Antwort: „Wir Lakota tun das, was getan werden muss. Jeder sieht seine Aufgabe und übernimmt seine Verpflichtungen.“

„Und das funktioniert?“, wunderte sich Felix.

„Nicht immer!“, gab Ray unumwunden zu. „Auch wir haben Säufer, Faulenzer, Leute, die auf Kosten der anderen leben! Aber das ist nicht unsere Tradition. Du wirst selbst erkennen, was zu

tun ist! Und es gehört zum Erwachsen werden dazu, dass man diese Aufgaben dann übernimmt."
Klasse, dachte Felix. Den ganzen Tag auf dem Bett liegen und X-Box spielen! Ohne dass irgendjemand meckert. Genial! Schließlich war es nicht seine Ranch!
Er erkannte an den vorwurfsvollen Augen seiner Mutter, dass sie seine Gedanken durchschaute und senkte verlegen den Blick. Auch sein Vater schien wenig angetan zu sein und runzelte unwillig die Stirn.
„Na ja!", murmelte er leise. „Anfangs werde ich ganz schön ackern müssen, damit ich in der Schule mitkomme. Ich kann mir ja mal anschauen, was es so an Arbeit gibt!"
„Gute Einstellung!", meinte seine Mutter in ihrer direkten Art.
„Zum Beispiel babysitten!", bot er großzügig an.
„Sehr nett!", flötete seine Mutter, dann wartete sie auf weitere großzügige Angebote.
„Geschirr abwaschen?", versuchte Felix sein Glück. „Und Stall ausmisten habe ich auch schon gelernt!"
Alle lachten fröhlich und Ray drückte ihm ein Bier in die Hand: „Hier, für dich, Cowboy!"

Die letzten Wochen vergingen wie im Flug.
Seine Mutter packte eine riesige Kiste für die Reise per Schiff, in der all ihre Habseligkeiten waren, die ihr etwas bedeuteten oder die man nicht ersetzen konnte. Fotoalben, ein antiker Tisch, Bücher, ihre Musik. Doch von vielen Dingen musste sie sich auch trennen. Sie verkaufte die Möbel, die sie erst vor kurzem angeschafft hatte und bekam nicht einmal die Hälfte des Preises dafür.
Die Nachmieter kauften einige der neuen Lampen und den Rasenmäher, aber die schicken Terrassenmöbel wollten sie nicht. Natürlich entdeckten sie auch den Riss im Putz von Felix Zim-

mer, und so gab es noch im Nachhinein Ärger deswegen, als sie von dem Vermieter verlangten, dass er den Schaden ausbessere. Auch die Delle im Kühlschrank führte zu Diskussionen über die Ablösesumme für die Küche.

Aber irgendwann war das Haus dann fast leer, bis auf drei Matratzen, auf denen sie schliefen und die Gartenmöbel, an denen sie noch ihre Mahlzeiten einnehmen konnten. Sie hatten die Miete bereits für den Monat bezahlt, sonst wäre es vermutlich billiger und gemütlicher gewesen, in eine Pension zu ziehen. Außerdem wollte sich Felix gebührlich von seinen Freunden verabschieden.

Fast jeden Abend ging er zu Siggi oder Görne, auch weil in seinem Zimmer kein Fernseher mehr stand und er mit seiner X-Box Asyl bei seinen Freunden fand.

Der Flug war für Ende Juli gebucht, und Felix war das nur recht, weil er unbedingt das Dorffest miterleben wollte.

Vorher verabschiedete er sich noch im Kindergarten und ließ es zu, dass die Kinder eine Stunde an ihm hingen und ihn nicht gehen ließen.

Das Dorffest war dann noch einmal ein besonderer Höhepunkt, denn Ray gab unerwartet ein kleines Konzert.

Die Menschen waren geradezu begeistert, bejubelten „ihren" Indianer und behandelten ihn, als wäre er schon seit Jahren dabei. Viele hatten noch nie eine indianische Trommel oder Flöte gehört, staunten über die fremde und doch schöne Musik und klatschten frenetischen Beifall.

Die anschließende bayrische Volksmusik war ein Stilbruch sondergleichen und doch passte es zu dem Flair dieses besonderen Abends. Ray liebte diese Musik! Er aß mit Heißhunger mehrere Portionen Kassler Rippchen mit Sauerkraut und trank dazu sein Weizenbier.

Immer wieder setzten sich Leute, die er flüchtig oder gar nicht kannte, an seinen Tisch und verwickelten ihn in Gespräche über seine Musik oder Bayern.
Auch, dass Jennifer eine bekannte Schriftstellerin war, hatte sich inzwischen herumgesprochen, und so bedauerten viele, dass sie so schnell wieder fortzog.

Felix sonnte sich im Ruhm seiner Familie, fand es schade, dass sie jetzt, auf dem Höhepunkt seines Bekanntheitsgrades, tatsächlich weggingen. Jetzt hätte er Chancen bei den Mädchen!
Auch seine kleine Schwester, die er liebevoll im Arm hielt, kam bei den Mädchen gut an! „Ist er nicht süß!“, bewunderten sie seine Fähigkeiten.
Maya hatte ein strahlendes Lächeln und mit ihren weißen Söckchen an den braunen Beinen sah sie zum Anbeißen aus.
Felix liebte seine Schwester, auch wenn er sich immer noch nicht daran gewöhnen konnte, dass sie gestillt wurde.
Seine Mutter hatte diesbezüglich mit Ray einen Kompromiss ausgehandelt. Sie legte zum Stillen ein feines Tuch über ihre Schulter, sodass man ihre nackte Brust in der Öffentlichkeit nicht sehen konnte. Auch Felix fand diese Lösung ganz gut, zumindest weniger peinlich.

Dann war es endlich soweit! Der Tag des Abschieds war da, und die Familie ließ sich in aller Frühe mit dem Taxi zum Flughafen fahren. Jennifer hatte das Auto noch in letzter Minute verkauft, ebenso die Terrassenmöbel.
Felix war erst spätabends von einer Abschiedsfeier heimgekehrt, die Siggi und Görne für ihn ausgerichtet hatten. Nun war er entsprechend müde und dachte wehmütig an seine Freunde zurück. Schade! Gerade zum Ende hin hatte es ihm richtig Spaß gemacht!

Jeder hatte zwei Koffer dabei, die sie beim Einchecken auf das Band legten, dann verschwanden sie durch eine Luke. Es hatte etwas Endgültiges, und Felix erkannte, dass es nun kein Zurück mehr gab.
Seine Mutter nahm den Kindersitz mit Maya am Tragegriff und lächelte erleichtert: „Wollen wir noch einen Kaffee trinken?“
Ray strahlte zufrieden: „Yeah! For the last time some good German coffee!"
„Ich werde mir welchen schicken lassen!“, meinte seine Frau gut gelaunt.
„Von wem?“, feixte Felix herausfordernd.
„Von deinem Vater!“, behauptete seine Mutter frech.

Dann saßen sie endlich im Flugzeug, und Felix schaute auf den dichten Wolkenteppich unter sich. Wie Badeschaum, dachte er erstaunt.
Er hatte einen Fensterplatz ergattert, während Ray und seine Mutter näher zum Gang saßen, damit sie zur Not mit dem Baby auf und ab gehen konnten.
Die Stewardess fragte mehrmals nach ihren Wünschen und brachte für Maya eine Babyschale, in der sie während der Reise liegen konnte.
In Felix Ohren rauschte es ein wenig, und seine Mutter gab ihm einen Bonbon für den Druckausgleich. In Gedanken versunken lutschte Felix daran herum, blickte dann wieder aus dem Fenster, wo es außer dem blauen Himmel nichts zu sehen gab.
Er hatte Angst!
Eine tief sitzende Angst, die ihm auf den Magen schlug. Wie würde es in der Fremde sein?
Zum ersten Mal fühlte er sich richtig klein und unbedeutend! Wie sehr beneidete er Maya, die nichts ahnend in ihrer Babyschale lag und schlief.

Dann fühlte er den festen Griff seiner Mutter, die beruhigend einen Arm drückte: „Es wird schon!“, lächelte sie glücklich.
Er seufzte so laut, dass es selbst über das Dröhnen der Triebwerke noch zu hören war. Dieser Optimismus seiner Mutter war reichlich anstrengend!
Und er tat so gut!

www.traumfaenger-verlag.de

Die Handlung ist frei erfunden und jegliche Ähnlichkeit mit tasächlichen Ereignissen und Personen wäre rein zufällig.

Kerstin Groeper, als Tochter des Schriftstellers Klaus Gröper in Berlin geboren, studierte Sozialpädagogik und setzt sich für verschiedene soziale Projekte ein. Im Mittelpunkt steht dabei ihr Einsatz gegen Rassismus und Ausländerfeindlichkeit.
In Kontakt mit nordamerikanischen Indianern entdeckte sie ihre Liebe zur indianischen Kultur. Sie spricht Lakota, die Sprache der Teton-Sioux, und ist aktives Mitglied einer Vereinigung, die sich der Unterstützung zum Fortbestehen der Sprache der Teton-Sioux widmet. In Deutschland hält sie regelmäßig Vorträge und Seminare über die Sprache, Kultur und Spiritualität der Lakota-Indianer.
Kerstin Groeper arbeitete als Journalistin für verschiedene Zeitschriften und schreibt heute Artikel zum Thema Indianer u.a. für das renommierte Magazin für Amerikanistik. Sie lebt mit ihrem Mann und drei Kindern in der Nähe von München.

Unterstützung von Landnutzungsprojekten auf der Pine Ridge Reservation

Die Pine Ridge Reservation befindet sich im Südwesten des US Bundesstaates South Dakota und liegt an der Grenze zu Nebraska.
Die Lebenssituation auf der Reservation ist, bedingt durch große gesundheitliche Probleme, wie einer Diabetesrate von über 65%, Herz- und Nierenleiden, sehr hohen Krebsraten und einer Arbeitslosenquote von ca. 80% sehr schwierig.
Die gemeinnützige Organisation Village Earth, mit Sitz in Fort Collins/ Colorado arbeitet seit dem Jahr 2000 auf der Reservation mit Gemeinden und Familien.
Derzeit werden ca. 60% der Ländereien, die den Oglala Lakota 1887 durch den General Allotment Act als Eigentum zugewiesen wurden, durch das Büro für Indianerangelegenheiten (BIA) zu Spottpreisen an weiße Farmer verpachtet, während mehr als 60% der Oglala Lakota unterhalb der Armutsgrenze leben. Deshalb unterstützt Village Earth die Oglala Lakota, ihr Land zu konsolidieren und es aus den BIA Pachtverträgen zu lösen. Mit Hilfe von Spenden und der beratenden Unterstützung von Village Earth konnte so u. a. im Juni 2004 das Bisonzuchtprojekt der Familie Red Cloud ins Leben gerufen werden. Die Red Clouds haben sich mit anderen Lakota Bison Ranchern im Jahr 2008 zu einer Bison Rancher Kooperative zusammengeschlossen, die nun beginnt das Bisonfleisch gemeinsam zu vermarkten. Wenn Sie Lakota Familien dabei unterstützen wollen, sich eine Zukunft aufbauen zu können und ihr Land wieder selbst zu nutzen, können Sie sie mit einer Spende an die gemeinnützige Organisation Village Earth unterstützen.
Pilamaya. Danke!

www.villageearth.org
http://redcloud.net.tc

Kontakt in Deutschland:
Cornelia Bauer, Tel. 08122 / 4 83 61, E-Mail cornelia@villageearth.org

Kerstin Groeper, als Tochter des Schriftstellers Klaus Gröper in Berlin geboren, studierte Sozialpädagogik und setzt sich für verschiedene soziale Projekte ein. Im Mittelpunkt steht dabei ihr Einsatz gegen Rassismus und Ausländerfeindlichkeit.

In Kontakt mit nordamerikanischen Indianern entdeckte sie ihre Liebe zur indianischen Kultur. Sie spricht Lakota, die Sprache der Teton-Sioux, und ist aktives Mitglied einer Vereinigung, die sich der Unterstützung zum Fortbestehen der Sprache der Teton-Sioux widmet. In Deutschland hält sie regelmäßig Vorträge und Seminare über die Sprache, Kultur und Spiritualität der Lakota-Indianer.

Kerstin Groeper arbeitete als Journalistin für verschiedene Zeitschriften und schreibt heute Artikel zum Thema Indianer u.a. für das renommierte Magazin für Amerikanistik. Sie lebt mit ihrem Mann und drei Kindern in der Nähe von München.

Unterstützung von Landnutzungsprojekten auf der Pine Ridge Reservation

Die Pine Ridge Reservation befindet sich im Südwesten des US Bundesstaates South Dakota und liegt an der Grenze zu Nebraska.
Die Lebenssituation auf der Reservation ist, bedingt durch große gesundheitliche Probleme, wie einer Diabetesrate von über 65%, Herz- und Nierenleiden, sehr hohen Krebsraten und einer Arbeitslosenquote von ca. 80% sehr schwierig.
Die gemeinnützige Organisation Village Earth, mit Sitz in Fort Collins/Colorado arbeitet seit dem Jahr 2000 auf der Reservation mit Gemeinden und Familien.
Derzeit werden ca. 60% der Ländereien, die den Oglala Lakota 1887 durch den General Allotment Act als Eigentum zugewiesen wurden, durch das Büro für Indianerangelegenheiten (BIA) zu Spottpreisen an weiße Farmer verpachtet, während mehr als 60% der Oglala Lakota unterhalb der Armutsgrenze leben. Deshalb unterstützt Village Earth die Oglala Lakota, ihr Land zu konsolidieren und es aus den BIA Pachtverträgen zu lösen. Mit Hilfe von Spenden und der beratenden Unterstützung von Village Earth konnte so u. a. im Juni 2004 das Bisonzuchtprojekt der Familie Red Cloud ins Leben gerufen werden. Die Red Clouds haben sich mit anderen Lakota Bison Ranchern im Jahr 2008 zu einer Bison Rancher Kooperative zusammengeschlossen, die nun beginnt das Bisonfleisch gemeinsam zu vermarkten. Wenn Sie Lakota Familien dabei unterstützen wollen, sich eine Zukunft aufbauen zu können und ihr Land wieder selbst zu nutzen, können Sie sie mit einer Spende an die gemeinnützige Organisation Village Earth unterstützen. Pilamaya. Danke!

www.villageearth.org
http://redcloud.net.tc

Kontakt in Deutschland:
Cornelia Bauer, Tel. 08122 / 4 83 61, E-Mail cornelia@villageearth.org

Sunka Wakan Na Wakanyeja Awicaglipi Incorporation
Lakota Horsemanship Organisation

>>We are Lakota. We are not Cowboys, we are Horsemen.<<

Die Sioux bzw. Lakota gelten als die besten Reiter, sowie Pfeil- und Bogen-Schützen. Beides ist in ihrer Tradition tief verankert. Die Arbeit und das Zusammenleben mit den Pferden, sowie das Aufleben alter traditioneller Werte sollen den jungen Indianern zur Wiederfindung ihrer eigenen Identität verhelfen.

Ziel dieser Organisation ist es, Kindern und Jugendlichen durch verschiedene Programme die Rückführung zur eigenen Kultur zu ermöglichen und sie dadurch vor Alkohol- und Drogenmissbrauch zu bewahren.

Jedes Jahr werden verschiedene Workshops mit den Kindern und Jugendlichen durchgeführt, sowie mehrtätige Wilderness Camps. Wahrend der Wintermonate werden Workshops gehalten z. B. Halfter anfertigen, Bilderrahmen aus Holz fertigen uvm.

Repräsentantin der SwnWA Inc. in Deutschland:
Andrea Cox, Im Wirbel 65 / 68219 Mannheim /
Tel. 0621/ 80 11 16
E Mail: info@andreac.de
Weitere Infos unter: www.andreac.de

Spendenkonto in Deutschland Gesellschaft für bedrohte Völker (GfbV)
WICHTIG: Stichwort: Pferde Projekt:
Postbank Hamburg, BLZ: 200 100 20, Kto: 7 400 201

Lila Pilamaya – Vielen Dank.